中等职业教育公共素质课改革规划教材

现代礼仪规范教程（第2版）

XIANDAI LIYI
GUIFAN JIAOCHENG

主　编／谢善琼　曲桂蓉

特约编辑:胡楠芳
责任编辑:黄蕴婷
责任校对:欧风偃
封面设计:墨创文化
责任印制:王 炜

图书在版编目(CIP)数据

现代礼仪规范教程 / 谢善琼,曲桂蓉主编. —2版. —成都:四川大学出版社,2015.7(2023.1重印)
ISBN 978-7-5614-8813-3

Ⅰ.①现… Ⅱ.①谢… ②曲… Ⅲ.①礼仪-中等专业学校-教材 Ⅳ.①K891.26

中国版本图书馆 CIP 数据核字(2015)第 175355 号

书名	现代礼仪规范教程
主　编	谢善琼　曲桂蓉
出　版	四川大学出版社
地　址	成都市一环路南一段24号 (610065)
发　行	四川大学出版社
书　号	ISBN 978-7-5614-8813-3
印　刷	成都金阳印务有限责任公司
成品尺寸	185 mm×260 mm
印　张	11.5
字　数	255 千字
版　次	2015年8月第2版
印　次	2023年1月第4次印刷
定　价	28.00元

◆读者邮购本书,请与本社发行科联系。
电话:(028)85408408/(028)85401670/
(028)85408023　邮政编码:610065
◆本社图书如有印装质量问题,请
寄回出版社调换。
◆网址:http://press.scu.edu.cn

◆版权所有◆侵权必究

前　言

礼仪是人类在社会交往中逐渐形成，以风俗、习惯和传统等方式固定下来的一种文化，是人们进行社会交往的行为规范与准则，被誉为步入社会的"通行证"，走向成功的"立交桥"。对个人来说，礼仪是一个人思想道德水平、文化修养、文明素质的外在表现；对社会来说，礼仪是一个国家和地区社会文明程度、道德风尚和生活习惯的反映。学习礼仪，有益于培养高尚的情操和卓越的交际能力。我国是文明古国，素有"礼仪之邦"的美誉。清初大思想家颜元曾说："国尚礼则国昌，家尚礼则家大，身尚礼则身正，心尚礼则心泰。"崇尚礼仪，历来是中华民族的优良传统，也是现代社会公民道德基本规范。懂礼貌、守礼仪、讲文明，应是现代人必备的基本素质和精神追求。

为了满足中职生接受职业教育、追求自我发展的需要，满足经济社会对高素质劳动者和技能型人才的需要，我们编写了《现代礼仪规范教程》一书，其目的在于让每一位中职生在学习文化课、专业课的同时，掌握一定的礼仪知识，以提高自身修养和塑造良好形象，在社交场合举止适度，应对自如，为事业的发展铺平道路。

本教材共分八个单元，内容包括礼仪概述、容貌礼仪、日常交往礼仪、职业学校学生的修养与礼仪、服务礼仪、餐饮礼仪、涉外礼仪、中国的习俗礼仪。在编写过程中，编者着眼于中职学生的心理特点及礼仪现状，将理论与实际相结合，力图体现实用性、操作性与通俗性，并与国际惯例接轨。本教材可供在校生学习，也可以作为相关行业人员的自学读物。

在编写的过程中，我们借鉴不少专家、学者的著作，从中获益良多，在此一并致谢！但愿同仁和同学们喜欢这本内容简明扼要、文字通俗易懂的礼仪教材。但由于时间仓促，加之学识所限，教材中疏漏、不足在所难免，敬请广大读者批评指正。

编　者

2021 年 7 月

目 录

第一单元 礼仪概述 …………………………………………………… （1）
  课题一 礼仪的基本概念 ………………………………………… （2）
  课题二 礼仪的起源与发展 ……………………………………… （5）
  课题三 礼仪的作用与原则 ……………………………………… （7）

第二单元 容貌礼仪 …………………………………………………… （13）
  课题一 仪态 ……………………………………………………… （14）
  课题二 仪容 ……………………………………………………… （35）
  课题三 着装 ……………………………………………………… （42）

第三单元 日常交往礼仪 ……………………………………………… （61）
  课题一 称呼礼仪 ………………………………………………… （62）
  课题二 日常会面礼仪 …………………………………………… （65）
  课题三 介绍礼仪 ………………………………………………… （70）
  课题四 交谈礼仪 ………………………………………………… （74）
  课题五 拜访和接待礼仪 ………………………………………… （78）
  课题六 电话礼仪 ………………………………………………… （81）
  课题七 名片礼仪 ………………………………………………… （84）
  课题八 书信礼仪 ………………………………………………… （86）

第四单元 职业学校学生的修养与礼仪 ……………………………… （91）
  课题一 风度气质 ………………………………………………… （92）
  课题二 基本素质 ………………………………………………… （98）
  课题三 基本修养 ………………………………………………… （101）
  课题四 礼仪培养与提高 ………………………………………… （103）
  课题五 家庭礼仪 ………………………………………………… （105）
  课题六 学校礼仪 ………………………………………………… （108）
  课题七 公共场合礼仪 …………………………………………… （110）
  课题八 求职礼仪 ………………………………………………… （113）

第五单元　服务礼仪 (121)
- 课题一　服务礼仪概述 (122)
- 课题二　服务礼仪准则 (126)

第六单元　餐饮礼仪 (135)
- 课题一　宴请礼仪 (136)
- 课题二　中餐礼仪 (139)
- 课题三　西餐礼仪 (144)

第七单元　涉外礼仪 (155)
- 课题一　涉外礼仪规范及禁忌 (156)
- 课题二　外事接待礼仪 (162)

第八单元　中国的习俗礼仪 (167)
- 课题一　习俗概论 (168)
- 课题二　日常习俗与礼仪 (171)

第一单元　礼仪概述

学习目标

知识目标：了解礼仪的基本内容及礼仪起源与发展的历史过程，认识礼仪的特征和原则，理解礼仪的深刻内涵和作用。

素质目标：建立礼仪意识，养成良好的文明礼貌习惯，提高自身修养，自觉遵守公共场合的礼仪规范。

能力目标：运用礼仪知识协调人际关系，塑造自身良好形象。

技能目标：制定不同活动类型的仪式仪程；在学习和生活中开展懂礼貌、讲礼仪活动。

礼仪　礼貌　礼节

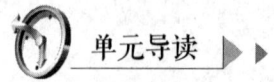 单元导读

中华文明历史悠久，五千年来创造了灿烂的文化，形成了高尚的道德准则和完整的礼仪规范，被世界各国誉为"文明古国""礼仪之邦"。"礼仪"作为传统美德中一颗璀璨的明珠，是中华民族文明的精华。儒家学派创始人孔子曾说："不学礼，无以立。"儒家另一代表人荀子也说过："人无礼则不生，事无礼则不成，国无礼则不宁。"可见礼仪修养之重要。今天，礼仪在人们工作和生活中的作用同样重大。对社会来说，学习礼仪，可以改善人们的道德观念，净化社会风气，促进社会主义和谐社会的建设；对个人来说，学习礼仪，可以提高自身修养，增强自尊自信，同时塑造良好形象，为事业的发展铺平道路。

课题一　礼仪的基本概念

礼仪是人类文明的产物，是一个国家和民族文明程度的重要标志，是人们进行社会交往的行为规范与准则。它的内容广泛，意义深刻，特点鲜明。

一、礼仪的含义

（一）礼的含义

据考证，礼仪在我国古代是用于敬奉神明。"礼"字在甲骨文中就有。"礼"字在古代与"履"字相通，意思是鞋子，穿了鞋子才好走路。但是鞋子既不能太大，也不能太小，要刚刚合适。后来"礼"字的含义越来越多。

到了周朝，为了调整人们之间的关系，于是把"礼"与"德"结合起来。随着等级制度的出现，"礼"成了区分贵贱、尊卑、顺逆、贤愚的人际交往准则，位于其他社会观念之上。正如荀子所说，"人无礼则不生，事无礼则不成，国无礼则不宁"。这三个"礼"字各有各的含义。用现代的语言来说，第一个"礼"字指的就是生活交往中的行为规范；第二个"礼"字指的是规矩、规则；第三个"礼"是指政治法律制度。

（二）仪的含义

据考证，"仪"字的含义包括五个方面的内容：（1）法度、准则；（2）典范、表率；（3）形式、仪式；（4）容貌、风度；（5）礼物。

(三) 礼仪的含义

"礼仪"一词，最早见于《诗经》和《礼记》。现代社会"礼仪"一词有了更加广泛的含义，其内容包括行礼仪式、礼节及仪式、风俗规定的仪式、行为规范、交往程序、礼宾次序、道德规范，等等。

1. 礼貌

礼貌是人们在相互交往过程中，表示对他人尊重友好、谦虚恭敬的言语动作，它体现了时代的风貌与道德品质，反映了人们的文化层次和文明程度。礼貌可分为礼貌行为和礼貌语言两部分。

2. 礼节

礼节是人们在日常生活中，特别是在社交场合中，相互问候、致意、慰问以及表示相互尊重所惯用的形式。礼节是关于对他人态度的外在行为规则，是礼貌在语言、行为、态度等方面的具体表现。不同国家和不同民族都有自己的礼节，因此，在相互交往中，应熟知和尊重各国、各民族的不同礼节。

3. 礼宾

"礼宾"一词的原意是指按一定的礼仪接待宾客。礼宾一般带有官方性质，特别指在外事交往和国家典礼中合乎礼仪的程序，不同地位和职衔的官员的位次以及对这些礼仪的指导和安排。礼宾的工作核心是礼遇。在人际交往，特别是对外交往的过程中，接待方应根据客方人员的身份、地位、级别等给予相应的接待规格和待遇。

礼宾次序是指国际交往中对出席活动的国家、团体、各国人士的位次按某些规则和惯例进行排列的次序。一般来说，礼宾次序体现了东道国对各国宾客所给予的礼遇。

(四) 礼貌、礼节、礼仪的关系

礼貌、礼节、礼仪都是人们在社交中表现出来的尊敬和友好的行为，三者在本质上是一致的，但又有自身特殊含义和要求，它们之间既有联系，又有区别。

礼貌是礼仪的基础，礼节是礼仪的基本组成部分。换言之，礼仪在层次上要高于礼貌、礼节，其内涵更深、更广。礼仪，实际上是由一系列具体的表现礼貌的礼节所构成的，是一个表示礼貌的系统及完整过程。

二、礼仪的特点

礼仪在漫漫的历史长河中，随着时代的发展和变革，不断地扬弃和完善，形成自己鲜明的特征。其主要表现在五个方面。

（一）礼仪具有传承性

所谓礼仪的传承性，是指礼仪形成本身是个动态发展过程，是在风俗和传统变化中形成的行为规范。在这种发展变化中，礼仪表现为一种继承和发展。礼仪一旦形成，就有一种相对独立性。我们今天的礼仪形式就是从昨天的历史中继承下来的，有不少优秀的还要继续传承下去，而那些封建糟粕，则会逐渐被抛弃。因此交际礼仪的沿袭和继承是个不断扬弃的社会进步过程。

（二）礼仪具有民族性

礼仪是民族文苑里的奇葩。不同国家、不同民族，因其历史文化、风俗习惯的差异，其礼仪的表现形式各具特色，丰富多彩，但都深深凝结着本民族本地区人民的文化情结，并具有广泛的适应性和权威性。例如，东方民族的含蓄深沉，见面习惯拱手、鞠躬；西方民族的坦率开放，见面亲吻、拥抱。

（三）礼仪具有广泛性

所谓礼仪的广泛性，主要是指礼仪在整个人类社会的发展过程中普遍存在，并被人们广泛认同。礼仪无处不在，礼仪无时不在。

（四）礼仪具有普遍认同性

所谓认同性是指全社会的约定俗成，是全社会共同认可、普遍遵守的准则。一般来说，礼仪代表一个国家、一个民族、一个地区的文化习俗特征。但我们也看到不少礼仪是全世界通用的，具有全人类的共同性。例如，问候、打招呼、礼貌用语、各种庆典仪式、签字仪式，等等。

礼仪的普遍认同性，主要源于共同的经济生活和文化生活。经济的共同性必然导致礼仪的变化。比如现代经济的快节奏、高效率，使现代礼仪向简洁、务实方向发展。共同的文化涵育共同的礼仪。礼仪的普遍认同性表明社会中的规范和准则，必须得到全社会的认同，才能在全社会通用。

（五）礼仪具有规范性

所谓礼仪的规范性，主要是指它对具体的交际行为具有规范性和制约性。这种规范性本身所反映的实质是一种被广泛认同的社会价值取向和对他人的态度。无论是具体言行还是具体的姿态，均可反映行为主体包括思想、道德等内在品质和外在的行为标准。

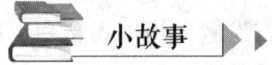 小故事

总理与鞋

在外事活动中，周恩来总理十分注重礼节。他病重期间，重要的外事活动仍然都坚持参加。后来他病得连脚也肿起来，原来的皮鞋、布鞋都不能穿，只能穿着拖鞋走路。参加外事活动时，工作人员关心总理，让他穿着拖鞋参加外事活动，认为外宾是能够理解的。周总理不同意，他慈祥又严肃地说："不行，要讲礼仪嘛！"于是，他让工作人员为他特制了一双鞋。

世界上任何事物都是发展变化的，礼仪虽然有较强的相对独立性和稳定性，但它也毫不例外地随着时代的发展而发展变化。随着社会交往的扩大，各国民族的礼仪文化都会互相渗透，尤其是西方礼仪文化被引入中国，使中华礼仪在保持传统民族特色的基础上，发生了更文明、更简洁、更实用的变化。

课题二 礼仪的起源与发展

一、礼仪的起源

中国具有五千年文明史，素有"礼仪之邦"之称，中国人也以其彬彬有礼的风貌而著称于世。礼仪文明作为中国传统文化的一个重要组成部分，对中国社会历史发展起到了非常广泛而深远的影响，其内容也十分丰富。礼仪所涉及的范围十分广泛，几乎渗透于古代社会的各个方面。礼仪究竟何时何故而起，自古以来，人们做过种种探讨，说法不一，其中一种说法是"礼仪起源于祭祀"。

原始社会，大自然中有许多人力无法控制的现象，如电闪雷鸣、火山爆发、地震、洪水泛滥，等等，这些都使人们感到恐惧害怕，但又没有能力解释和控制。因此人们相信天地间有神的存在。于是，人们遇到重大事件就祭天拜神，祈祷神灵和祖先保佑风调雨顺，五谷丰登，降福免灾，健康长寿。对超乎人类的神，各地的人都普遍崇拜和尊奉，由此产生了各种祭祀活动。其主要形式是用礼器举行祭祀仪式，以表示对神灵和祖先的敬献和祀求。因此，有"礼立敬而源于祭"之说。

另外还有一种说法是"礼仪起源于风俗习惯"。在远古时代，人们都赤身，后来为了保暖及遮羞以衣蔽体，人人都这样做，自然而然形成了习俗。后来随着文明的发展，人们对衣服有了不同的要求，或男女有别，或在工作时与在家中不同，久而久之，这些约定俗成的习惯便成为人与人交际的规范。于是，就有了"礼生于理起于

俗"的说法。

人们普遍认为礼的形成源于俗，礼俗源于自然界，是古人敬天畏神观念和认识的反映。所以，礼的本身，取意于拜天祭神。

二、礼仪的发展

礼仪是社会交往的产物，它随着社会的发展而不断吐故纳新。打开中国的文化史卷，人们就可以清晰地看到中国礼仪的发展经历了四个阶段。

（一）萌芽时期——尧舜时期（公元前21世纪以前）

古代尧舜时期，已经有了成文的礼仪制度，即"五礼"，就是吉礼、凶礼、宾礼、军礼、嘉礼。它是我国上古礼仪的总结汇编，内容相当广泛。"吉礼"，就是祭祀之礼，祈神赐福，求吉祥如意，故曰吉礼。"凶礼"，就是别人遭受不幸时的哀悯吊唁抚恤之礼。"宾礼"，就是接待宾客之礼，"以宾礼亲邦国"讲的就是天子与诸侯之间的往来之礼。"军礼"，是指军旅操练、征伐之礼。它是用来"同邦国"的，即用军队使各邦国服从。"嘉礼"，是融合人际关系、沟通联络感情的礼仪，它与普通群众的日常生活习俗有直接的关系，其主要内容是飨燕饮食、生冠婚庆、敬老尊长、庆贺交际之礼。

（二）形成时期——夏、商、西周三代（公元前21世纪—前771年）

尧舜时期制定的礼仪，经过夏、商、西周三代1000多年的应用推广，日趋完善。在这个阶段，中国第一次形成比较完整的礼仪制度。由儒家学者整理成书的礼学专著"三礼"——《周礼》《仪礼》《礼记》，记录保存了许多周代的礼仪。《周礼》又称《周官》，是天官、地官、春官、夏官、秋官、冬官之职掌，实则经纬万端，包举万事万物，是一部治国安邦的汇典。《仪礼》记述有关冠、婚、丧、乡、射等的礼仪制度，是人事、举止进退和社会交往的规范。《礼记》是一部秦汉以前儒家有关各种礼仪制度的论著选集，其中既有礼仪制度的记述，又有关于礼的理论及其伦理道德、学术思想的论述。

（三）变革时期——春秋战国时期（公元前771—前221年）

春秋战国时期，学术界百家争鸣，礼也产生了分化。朝章法典、礼仪制度成为国礼，民众交往的礼俗成为家礼。以孔子、孟子为代表的儒家学者系统地阐述了礼的起源、本质和功能，第一次在理论上全面而深刻地论述了社会等级秩序的划分及其意义。其中，孔子在西周礼仪成型的基础上集其大成，发扬光大。此后，由孔子及其弟子的言行论说所构成的礼仪体系一直影响中国社会长达两千多年。

（四）强化时期——秦汉至清末（公元前221—公元1911年）

秦始皇吞并六国统一中国，建立第一个中国历史上的封建王朝，成为后来延续两千多年的封建体制的基础，汉代、唐代、宋代，礼仪研究硕果累累，明代时，交友之礼完善，忠、孝、节、义等礼仪日趋繁多。特别是宋代家庭礼仪的发展，主要代表人物有司马光（北宋史学家）、朱熹（南宋理学家）等，代表作有《涑水家仪》《朱子家礼》。清代后期，清王朝政权腐败，民不聊生，古代礼仪盛极而衰，一些西方礼仪传入，如北洋新军的陆军开始用西方军队的举手礼代替打千礼等。

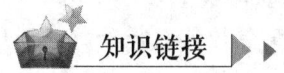

我国古代礼仪与现代礼仪的差异

从总体上讲，我国现代礼仪与古代礼仪存在三点差异：其一，两者的基础不同。古代礼仪是以封建等级制度为基础的，现代礼仪虽然承认身份差异，但更强调以人为本、人格平等、社会公平，并且以尊重人作为自己的立足点与出发点。其二，两者的目标不同。古代礼仪以维护封建统治秩序为目的，而现代礼仪则重在追求人际交往的和谐与顺利。其三，两者的范围不同。古代礼仪所讲究的是"礼不下庶人"，因而与平民百姓无关，而现代礼仪则适用于任何交际活动的参与者。

课题三　礼仪的作用与原则

一、礼仪的作用

礼仪的作用概括地说，是表示人们不同地位的相互关系和调整、处理人们相互关系的手段。礼仪的作用表现在以下几个方面。

（一）塑造良好形象

在交际活动中，一个人的言行举止都会作为一种潜在的信息传递给对方，良好的礼仪可以为自己树立良好的个人形象。同时，因为人总是社会的人，大部分的人总隶属一个部门或一个单位，即人是组织化的人。所以，每个人的仪表风度、言行举止、待人接物、有礼与无礼、有修养与无修养，不仅仅反映这个人的素质和教养，也直接反映他所代表组织的整体形象。组织中，每个成员都要讲究礼仪，都应有强烈的形象意识。现代社会，形象就是对外交往的窗口，良好的组织形象可以给组织带来无穷的社会效益和经济效益。

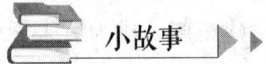 小故事

20世纪90年代初,我国北方某省一位县长出面接待一位想到当地考察投资建立制药厂的外商。途中两人谈得非常投机,外商深深为县长的宏论倾倒。通过初步考察了解,这位外商就决定在该县投资。但是,当外商参观制药厂时,那位县长忽然一口浓痰涌上喉咙,再也憋不住了,"啪嗒"一声吐到了厂门口。这一行径,立即引起外商的厌恶,他马上反悔,提出收回投资承诺。事后,外商给县长写了一封语重心长的信:"你作为一县之长都这样没有教养,很难想象您的下属会是什么样子。建药厂是为了治病救人,而不讲卫生,则可能造成谋财害命的结果……"

(二)约束

礼仪作为行为规范,对人们的社会行为具有很强的约束作用。礼仪一经制定和推行,久而久之,便成为社会的习俗和社会行为规范。任何一个生活在某种礼仪习俗和规范环境中的人,都自觉或不自觉地受到该礼仪的约束,自觉接受礼仪约束是"成熟的人"的标志,而对于不接受礼仪约束的人,社会就会以道德和舆论的手段来对他加以约束,甚至以法律的手段来强迫他服从。

(三)教化

礼仪具有教化作用,主要表现在两个方面:一方面是礼仪的尊重和约束作用。礼仪作为一种道德习俗,它对全社会的每个人,都有教化作用,都在施行教化。另一方面,礼仪的形成、礼仪的完备和凝固,都会成为一定社会传统文化的重要组成部分,它以"传统"的力量不断地由老一辈传承给新一代,世代相继、世代相传。在社会进步中,礼仪的教化作用具有极为重大的意义。

(四)协调人际关系

礼仪具有调节人际关系的作用。一方面,礼仪作为一种规范、程序,作为一种文化传统,对人们之间相互关系模式起着规范、约束和及时调整的作用;另一方面,某些礼仪形式、礼仪活动可以化解矛盾、建立新关系模式。可见礼仪在处理人际关系及在发展健康良好人际关系中,是有重要作用的。

二、礼仪的原则

在日常生活中,学习、运用礼仪,有必要在宏观上掌握一些具有普遍性、共同性、指导性的礼仪规律。这些礼仪规律,即礼仪的原则。

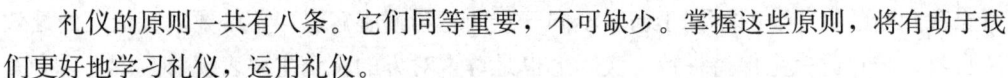
第一单元 礼仪概述

礼仪的原则一共有八条。它们同等重要，不可缺少。掌握这些原则，将有助于我们更好地学习礼仪，运用礼仪。

（一）尊重

礼仪起源于敬神，后来发展为尊重他人。"尊重"是礼仪的核心和灵魂。在人际交往中，尊重他人是自身良好品质和修养的体现，也是建立良好人际关系的基础。只有尊重别人，别人才会尊重你。俗语道："你敬我一尺，我敬你一丈。"

在我们的社会，人与人之间是平等的，尊敬长辈、上级，关心同事、朋友，这不是自我卑下的行为，而是至高无上的礼仪。相互的尊重，给人们造就一种和谐的气氛，使人们心情舒畅。所以，对人尊重是礼仪的重要原则。

（二）真诚

礼仪上所讲的真诚原则，就是要求在人际交往中运用礼仪时，务必待人以诚，诚心诚意，诚实无欺，言行一致，表里如一。只有如此，自己在运用礼仪时所表达的对交往对象的尊敬与友好，才会更好地被对方理解、接受。与此相反，倘若仅把运用礼仪作为一种道具和伪装，具体操作礼仪规范时口是心非，言行不一，弄虚作假，投机取巧，或是当时一个样，事后一个样，有求于人时一个样，被人所求时另外一个样，则是有悖礼仪的基本宗旨的，最终也不会取得别人的信任，倒是有可能被认为是个"伪君子"，造成正常的交往难以继续。

（三）遵守

在交际应酬之中，每一位参与者都必须自觉、自愿地遵守礼仪，以礼仪去规范自己在交际活动中的一言一行，一举一动。对于礼仪，不仅是要学习、了解，更重要的是学了就要用，要将其付诸个人社交实践。任何人，不论身份高低、职位大小、财富多寡，都有自觉遵守、运用礼仪的义务；否则，就会受到公众的指责，交际就难以成功。这就是遵守的原则。没有这一条，就谈不上礼仪的运用、推广。

（四）宽容

宽容是指心胸宽阔、忍耐性强。法国著名作家雨果说过："世界上最广阔的是海洋，比海洋更广阔的是天空，比天空更广阔的是人的心灵。"一个有着宽阔胸怀的人往往易于博得他人的爱戴和敬重，正如孔子所说"宽则得众"。宽容原则包括如下几点。

第一，严于律己。在生活和学习中做到以礼待人，遵信守约，"言必信，行必果"。当与他人发生矛盾时，首先要做自我检查，主动退让。

第二，宽以待人。要多容忍他人，多体谅他人，多理解他人，而不要求全责备，斤斤计较，过分苛求，咄咄逼人。在人际交往中，要容许其他人有个人行动和独立进行自我判断的自由。对不同于己、不同于众的行为耐心容忍，不必要求其他人处处效法自身，与自己完全保持一致，实际上也是尊重对方的一个主要表现。

第三，大事清楚，小事糊涂。对原则性的问题，要掌握"度"，不能随意跨越界限。而对日常交往中的非原则性问题，小的摩擦，不要斤斤计较，纠缠不休。

第四，有理也让人。"人非圣贤，孰能无过？"人际交往中，要有谦让的精神，做到有理也让人。给别人机会，也是给自己机会。

（五）平等

在具体运用礼仪时，允许因人而异，根据不同的交往对象，采取不同的具体方法。但同时必须强调的是，在礼仪的核心点，即尊重交往对象、以礼相待这一点上，对任何交往对象都必须一视同仁，给予同等程度的礼遇。不要因为交往对彼此之间在年龄、性别、种族、文化、职业、身份、地位、财富以及与自己的关系亲疏远近等方面有所不同，就厚此薄彼、区别对待，给予不同待遇。这便是社交礼仪中平等原则的基本要求。

（六）从俗

由于国情、民族、文化背景的不同，在人际交往中，实际上存在着"十里不同风，百里不同俗"的情况。对这一客观现实要有正确的认识，不要自高自大，唯我独尊，以我画线，简单否定其他人不同于己的做法。必要之时，必须坚持入乡随俗，与绝大多数人的习惯做法保持一致，切勿目中无人，自以为是，指手画脚，随意批评，否定其他人的习惯性做法。遵守从俗原则的这些规定，会使对礼仪的运用更加得心应手，更加有助于人际交往。

（七）自律

从总体上来看，礼仪规范由对待个人的要求与对待他人的做法这两大部分构成。对待个人的要求，是礼仪的基础和出发点。学习礼仪、运用礼仪，最重要的就是要自我要求、自我约束、自我控制、自我对照、自我反省、自我检点，这就是所谓自律的原则。古语云："己所不欲，勿施于人。"若是没有对自己的首先要求，人前人后不一样，只求诸人，不求诸己，不讲慎独与克己，遵守礼仪就无从谈起，就是一种蒙骗他人的大话、假话、空话。

（八）适度

适度原则的含义，是要求运用礼仪时，为了保证取得成效，必须注意技巧，合乎规范，特别要注意做到把握分寸，认真得体。这是因为凡事过犹不及，运用礼仪时，假如做得过了头，或者做得不到位，都不能正确地表达自己的自律、敬人之意。当然，运用礼仪要真正做到恰到好处，恰如其分，只有勤学多练，积极实践，此外别无他途。

单元练习

1. 什么是礼貌、礼节、礼仪？简述礼仪、礼貌和礼节的关系。
2. 礼仪有哪些特征？
3. 你对中国有"礼仪之邦"这一美称如何认识？
4. 讲究礼貌、礼节、礼仪有哪些重要意义？
5. 结合自己的情况，谈谈你准备如何学好礼仪。

第二单元 容貌礼仪

学习目标

知识目标：掌握站姿、坐姿、蹲姿、行姿、手姿、表情等基本礼仪；掌握仪容清洁、修饰的方法；掌握着装原则和配色技巧等知识。

素质目标：掌握服饰的规范性。

能力目标：在各种场合下都能做到言谈举止非常得体，穿衣打扮非常合适，展现完美形象。

技能目标：活学活用，将所学知识运用到工作生活中。

基本概念

仪态　仪容　TPO原则

单元导读

就像每一个企业都要树立良好的企业形象来推广自己的品牌一样，我们个人也要展示个人形象来经营自己的个人品牌。形象是事业成功的一个重要的因素。

课题一　仪态

小故事

第二次世界大战时期著名反间谍专家奥莱斯特·平托上校审讯一个纳粹间谍。当时盟军部队已经进入比利时，德军仓皇溃退。一天，两名士兵在驻地附近逮捕了一个叫艾米里约·布朗格尔的人。平托上校感觉这个人的穿着和谈吐虽然是典型的北方农民，口音也是地道的瓦隆地区（比利时某地区）的土音，但他粗壮的颈部和魁梧的运动员体型，与当地常见的惰性十足的人截然不同，于是决定对他进行审讯。

第一次审讯：

问：你是农民吗？

答：过去是，现在不是。德国鬼子抢走了我的牲畜，杀死了我的家人。

问：会数数吗？

答：数数？

问：对，把桌上这盘豆子数一数吧。

答：一、二、三……（慢慢地用法语数）

在第一次审讯中，上校未发现任何破绽，但仍不气馁，决定进行第二次审讯。这次审讯换用了特殊的方式：上校派人在布朗格尔的住处放了几捆草，一个士兵点着火后，烟从门的下面进到屋里，值勤的士兵用德语大喊："着火了！"布朗格尔惊醒，动了动，又睡了。接着平托上校用法语大声喊道："着火了！"布朗格尔一下子跳了起来，绝望地敲打着门。这一次，上校仍未发现破绽。

第三次审讯，上校又用了新的方案。在布朗格尔被带来时，上校拿起一支从他身上搜出的铅笔。

问：你带这个干什么？

答：不就是支铅笔吗？

问：用它来写情报？

答：（流露出不屑回答的样子）

"可怜的家伙。"上校用德语对身边的军官说，军官也用德语反问："为什么？"上校说："他还不知道自己明天上午就要被绞死，已经 21 点了。他肯定是个间谍，不会有别的下场。"

平托上校一边说一边用眼睛斜视着布朗格尔，特别注意他的眼睛和喉头。但布朗格尔没有任何表示，他以神态证明自己不懂德语。很明显，第三次审讯没有结果，到此为止，上校几乎绝望了，开始怀疑自己以前的判断。但直觉让他进行最后一次审讯——第四次审讯，如果再没有突破，就决定立即释放布朗格尔。

最后一次审讯是这样进行的：当布朗格尔像平时一样走进平托上校的办公室时，上校装作正在看一份文件，看完后拿起铅笔在上面签了字，然后抬起眼睛突然用德语对布朗格尔说："好啦，我满意了，你自由了，现在就可以走了。"布朗格尔长长地出了一口气，动了动肩膀，像是卸了一个沉重的包袱，他仰起脸，眼睛放着光，愉快地呼吸着自由的空气。当他发现平托上校嘲笑的眼光时，一切都晚了，身后的士兵已紧紧地抓住了他。

上面这个故事说明人的内心隐秘不可能每时每刻都隐藏得那么深，总有流露之时，人的仪态每时每刻都在传达信息。因此，在社交中用优良的仪态礼仪表情达意，往往比语言更让人感到真实、生动。所以在社交中必须讲究仪态美。

仪态，又称"体态"，是指人的身体姿势和风度。姿势是身体所表现的样子，风度则是内在气质的外在表现。人的一举手、一投足、一弯腰乃至一颦一笑，并非偶然的随意的，这些行为举止自成体系，像有声语言那样具有一定的规律，并具有传情达意的功能。人们可以通过自己的仪态向他人传递个人的学识与修养，并能够用其交流思想、表达感情。正如艺术家达·芬奇所说："从仪态了解人的内心世界、把握人的本来面目，往往具有相当的准确性和可靠性。"

我们敬爱的周恩来总理堪称仪态美的典范，青年时代他在南开中学读书，南开中学教学楼的镜子上印着《镜铭》：

面必净、发必理、衣必整、钮必结，头容正、胸容宽、肩容平、背容直。颜色：勿傲、勿暴、勿怠。气象：宜和、宜静、宜庄。

周恩来自年轻时就按《镜铭》上的要求去做，加强修养，努力做到仪态美，在半个多世纪的革命生涯中，形成了独特的被称为"周恩来风格"的体态语，可谓"举手投足皆潇洒，一笑一颦尽感人"，给人以不可抗拒的吸引力。一位欧洲女作家说：他的眼睛是他身上最惊人的特点，总是闪着光并迅速移动，人人都发现它是不可抗拒的。他在演讲时，步履矫健，昂首挺胸，神色自然，仪态万方，周身洋溢着自信与激情。他时而平静，时而激动，时而温和，时而愤怒。而这一切都是那样得体和恰如其分。独具魅力的体态语，帮助周恩来将自己塑造成一位受到普遍欢迎的交谈伙伴、一位杰出的演说家、一位老练的谈判高手、一位劝说行家，树立了将这四种角色集于一身的出色形象。

一、站姿

（一）站姿的要求

1. 头正

抬头，两眼平视前方，嘴微闭，下颌微收，表情自然，稍带微笑。

2. 肩平

两肩平齐，微微放松，稍向后下沉。

3. 臂垂

两臂自然下垂，两手放于身体两侧，手中指贴裤缝。

4. 胸挺

胸部挺起，让背部平整。

5. 腹收

腹部往里收，不能随意凸起；腰部正直，臀部向内、向上收紧。

6. 腿直

两腿立直，身体重心落于两脚正中。

站姿

（二）具体的站姿

1. 侧放式

侧放式站姿是最基本的站姿。它要求上半身挺胸、立腰、收腹、双肩平齐、舒展，双臂自然下垂，双手放在身体两侧，头正，两眼平视，嘴微闭，下颌微收，面带笑容；下半身双腿应靠拢，两腿关节与髋关节伸直，双脚呈"V"字形，身体重心落在两脚中间。一般用于较为正式的场合，如参加企业的重要庆典、聆听贵宾的讲话、商务谈判后的合影等。

侧放式站姿

2. 握手式

握手式站姿主要用于女士。它是在基本站姿的基础上，双手搭握，稍向上提，放于小腹前。双脚也可以前后略分开：一只脚略前，一只脚略后，前脚的脚跟稍稍向后脚的脚背处靠拢。

男士有时也可以采用这种站姿，但两脚要略微分开。这种站姿可用于前台的礼仪迎客，也可用于前台的站立服务。

3. 后背式

后背式站姿主要用于男士。双手叠放于身后，掌心向外，形成背手。两腿分开，两脚平行，不超过肩宽，或双脚呈"V"字形。

握手式站姿

后背式站姿

(三) 站立时禁忌的姿势

站立时不要过于随便,如驼背、塌腰、耸肩、两眼左右斜视、双腿弯曲或不停颤抖,以免影响站姿的美观。

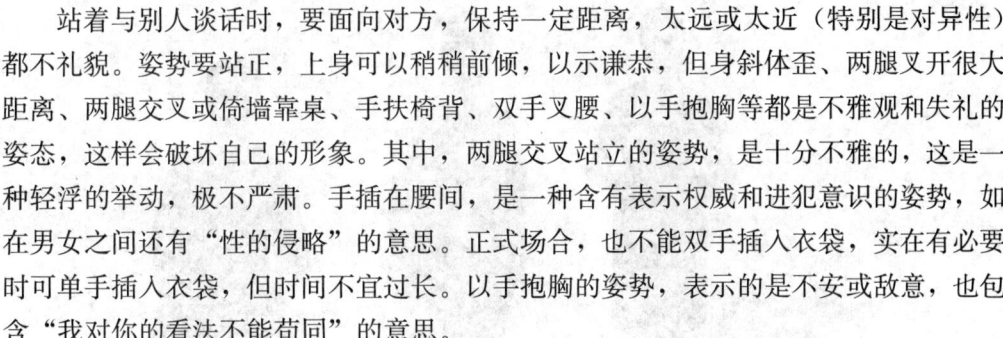

站着与别人谈话时，要面向对方，保持一定距离，太远或太近（特别是对异性）都不礼貌。姿势要站正，上身可以稍稍前倾，以示谦恭，但身斜体歪、两腿叉开很大距离、两腿交叉或倚墙靠桌、手扶椅背、双手叉腰、以手抱胸等都是不雅观和失礼的姿态，这样会破坏自己的形象。其中，两腿交叉站立的姿势，是十分不雅的，这是一种轻浮的举动，极不严肃。手插在腰间，是一种含有表示权威和进犯意识的姿势，如在男女之间还有"性的侵略"的意思。正式场合，也不能双手插入衣袋，实在有必要时可单手插入衣袋，但时间不宜过长。以手抱胸的姿势，表示的是不安或敌意，也包含"我对你的看法不能苟同"的意思。

二、坐姿

（一）入座与离座

1. 入座时的基本要求

（1）在别人之后入座。出于礼貌，和客人一起入座或同时入座时，要分清尊卑，先请对方入座，自己不要抢先入座。

（2）从座位左侧入座。如果条件允许，在就座时最好从座椅的左侧接近它。这样做是一种礼貌，而且也容易就座。

（3）向周围的人致意。在就座时，如果附近坐着熟人，应该主动跟对方打招呼。即使不认识，也应该先点点头。在公共场合，要想坐在别人身旁，还必须征得对方的允许。要放轻动作，不要使座椅乱响。

（4）以背部接近座椅。在别人面前就座，最好背对着自己的座椅，这样就不至于背对着对方。得体的做法是：先侧身走近座椅，背对着站立，右腿后退一点，以小腿确认一下座椅的位置，然后顺势坐下。必要时，用一只手扶着座椅的把手。

（5）不应坐满座位，大体占据三分之二的座位即可。

2. 离座时的基本要求

（1）事先说明。离开座椅时，身边如果有人在座，应该用语言或动作向对方先示意，随后再站起身来。

（2）注意先后。和别人同时离座，要注意起身的先后次序。地位低于对方时，应该稍后离座。地位高于对方时，可以首先离座。双方身份相似时，可以同时起身离座。

（3）起身缓慢。起身离座时，最好动作轻缓，不要"拖泥带水"，弄响座椅，或将椅垫、椅罩弄得掉在地上。

（4）从左离开。和"左入"一样，"左出"也是一种礼节。

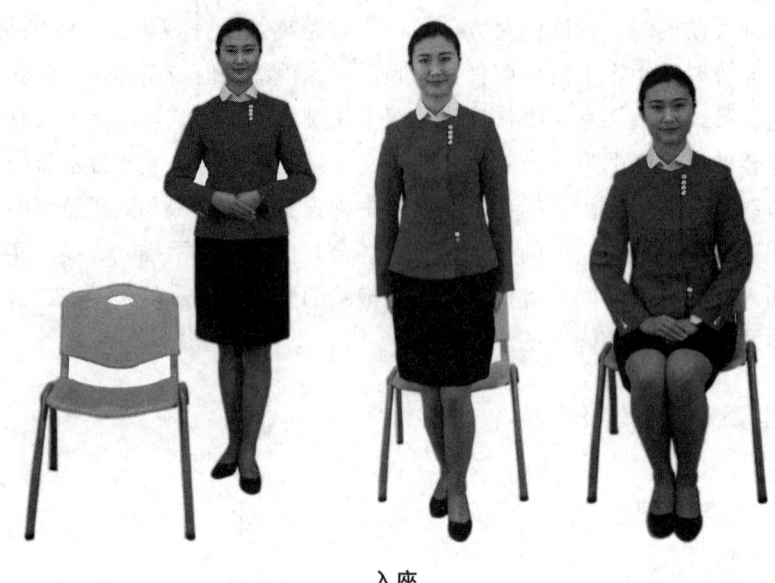

入座

（二）坐定时的具体坐姿

坐定时，上身正直而稍向前倾，头、肩平正，目视前方，两臂贴身下垂，两手可随意放在大腿上，两腿自然弯曲，两脚平行自然着地。

1. 座位高低不同时，坐姿有不同要求

（1）低座位。轻轻坐下，臀部后面距座椅背约2厘米，背部靠座椅靠背。如果穿的是高跟鞋，坐在低座位上，膝盖会高出腰部，应当并拢两腿，使膝盖平行靠紧，然后将膝盖偏向你的对话者，偏的角度应根据座位高低来定，但以大腿和上半身构成直角为标准。

（2）较高的座位。上身仍然要正直，可以跷大腿。其方法是将左腿微向右倾，右大腿放在左大腿上，脚尖朝向地面，切忌右脚尖朝天。

（3）座位不高也不低。两脚尽量向后左方，让大腿和你的上半身成90度以上角度，双膝并拢，再把右脚从左脚外侧伸出，使两脚外侧相靠，这样不但雅致，而且显得文静而优美。

不论何种坐姿，上身都应保持端正。

2. 最为常用的八种坐姿

（1）正襟危坐式。正襟危坐式坐姿又称最基本的坐姿，适用于最正规的场合。要求：上身与大腿，大腿与小腿，小腿与地面都应当成直角；双膝、双脚完全并拢。

（2）垂腿开膝式。垂腿开膝式坐姿多为男性所使用，也较为正规。要求：上身与大腿，大腿与小腿皆成直角；小腿垂直于地面；双膝分开，但不得超过肩宽。

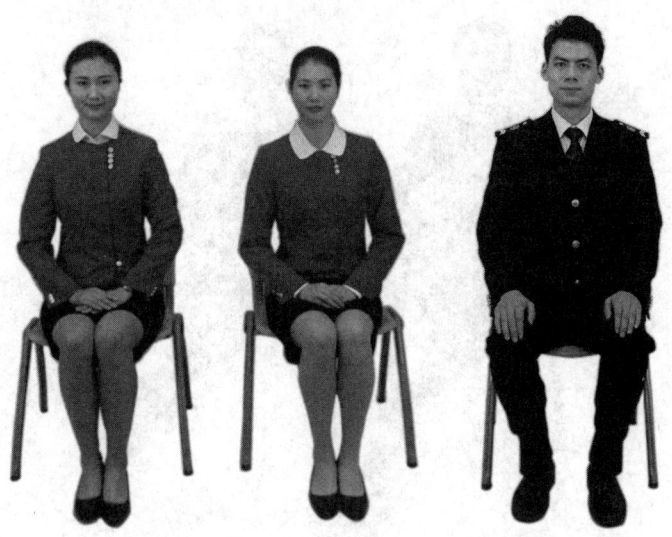

正襟危坐式　　　　　　垂腿开膝式

(3) 双腿叠放式。双腿叠放式坐姿适合穿短裙子的女士选用，或处于身份地位高时的场合，造型极为优雅，有一种大方高贵之感。要求：将双腿完全地一上一下交叠在一起，交叠后的两腿之间没有任何缝隙，犹如一条直线；双腿斜放于左右一侧，斜放后的腿部与地面呈 45 度夹角，叠放在上的脚尖朝向地面。

(4) 双腿斜放式。双腿斜放式坐姿适用于穿裙子的女性在较低处就座使用。要求：双膝先并拢，然后双脚向左或向右斜放，力求使斜放后的腿部与地面呈 45 度角。

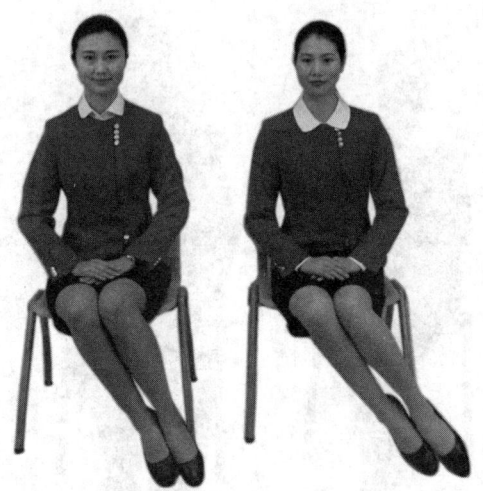

双腿斜放式

(5) 双脚交叉式。双脚交叉式坐姿适用于各种场合，男女皆可选用。要求：双膝先并拢，然后双脚在踝部交叉；交叉后的双脚可以内收，也可以斜放，但不宜向前方远远直伸出去。

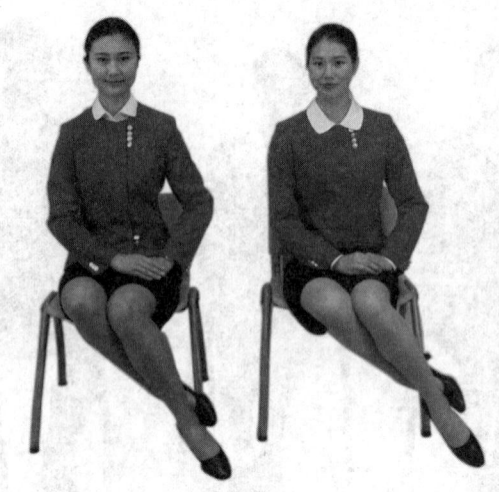

双脚交叉式

　　(6) 双脚内收式。双脚内收式坐姿适合一般场合使用,男女皆宜。要求:两大腿首先并拢,双膝略打开,两条小腿分开后向内侧屈回。

　　(7) 前伸后屈式。女性要求大腿并拢之后,向前伸出一条腿,并将另一条腿屈后,两脚脚掌着地,双脚前后要保持在同一条直线上。男性可将双膝分开。

　　(8) 大腿叠放式。大腿叠放式坐姿多适用于男性在非正式场合使用。要求:两条腿在大腿部分叠放在一起;叠放之后位于下方的一条腿垂直于地面,脚掌着地;位于上方的另一条腿的小腿则略向内收,脚尖向前。

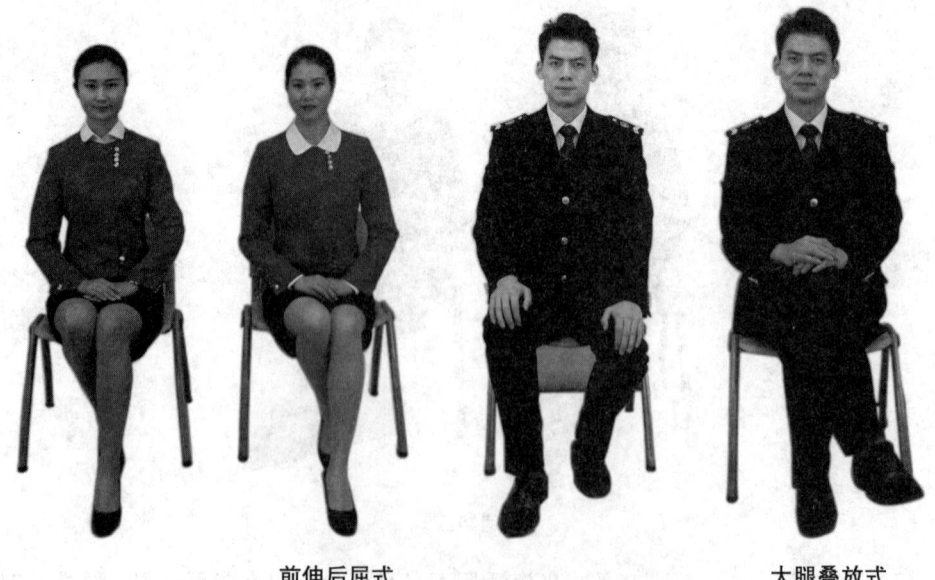

前伸后屈式　　　　　　　　　　　　大腿叠放式

· 22 ·

（三）坐姿的禁忌

（1）身体歪斜，如前俯后仰等。

（2）头部不正。

（3）手部错位，如双手端臂，双手抱于脑后，双手抱住膝盖，双手夹在大腿间等。

（4）腿部失态，如二郎腿坐姿，"4"形腿坐姿，抖动腿坐姿等。

（5）脚部失态，如坐定后脱下鞋子或者袜子，用脚尖指人或脚尖朝上，双脚上下或左右抖个不停等。

（6）蜷缩一团：有的人坐下之后，喜欢弯腰曲背，佝偻成团。

（7）半坐半躺：不少人喜欢坐在较靠椅前缘的位置，背再往后靠在靠背上，形成半坐半躺的姿势。

三、蹲姿

欧美国家的人认为"蹲"这个动作是不雅观的，所以只有在非常必要的时候才蹲下来做某件事情。日常生活中，蹲下捡东西或者系鞋带时一定要注意自己的姿态，尽量迅速、美观、大方。

（一）蹲姿的方法

优雅的蹲姿，一般采取交叉式蹲姿、高低式蹲姿两种方法。

1. 交叉式蹲姿

下蹲时左脚在前，右脚在后，左小腿垂直于地面，全脚着地。右腿在后与左腿交叉重叠，右膝由后面伸向左侧，右脚跟抬起，脚掌着地。两腿前后靠紧，合力支撑身体。臀部向下，上身稍前倾。

交叉式蹲姿

2. 高低式蹲姿

下蹲时左脚在前，右脚稍后（不重叠），两腿靠紧向下蹲。左脚全脚着地，小腿基本垂直于地面，右脚脚跟提起，脚掌着地。右膝低于左膝，左膝内侧靠于左小腿内侧，形成左膝高右膝低的姿势，臀部向下，基本上以右腿支撑身体。男士选用这种蹲姿时，两腿之间可有适当距离。

高低式蹲姿

（二）优雅蹲姿的基本要领

站在所取物品的旁边，蹲下屈膝去拿，而不要低头，也不要弓背，要慢慢地把腰部低下；两腿合力支撑身体，掌握好身体的重心，臀部向下。若用右手捡东西，可以先走到东西的左边，右脚向后退半步后再蹲下来。脊背保持挺直，臀部一定要蹲下来，避免弯腰翘臀的姿势。特别是穿裙子时，如不注意，背后的上衣会自然上提，露出臀部皮肉和内衣，很不雅观。即使穿着长裤，两腿展开平衡下蹲，撅起臀部的姿态也不美观。

四、走姿

（一）标准的走姿

标准的走姿为：上身基本保持站立的标准姿势，挺胸收腹，腰背笔直；两臂以身体为中心，前后自然摆动，前摆约35度，后摆约15度，手掌朝向体内；起步时身子稍向前倾，重心落在前脚掌，膝盖伸直；脚尖向正前方伸出，行走时双脚踩在一条线缘上。

正确的行走，上体的稳定与下肢的频繁规律运动形成对比和谐，干净利落、鲜明均匀的脚步形成节奏感，前后、左右行走动作平衡对称，都会呈现行走时的形式美。

走姿

（二）走姿的禁忌

（1）低头看脚：心事重重，萎靡不振。

（2）踢着走：踢着走的时候身体会向前倾，走路时只有脚尖踢到地面，然后膝盖就一弯，脚跟就往上一提。所以，走路的时候腰部很少出力，很像走小碎步一般，走姿很不雅。

（3）拖脚走：未老先衰，暮气沉沉。

（4）跳着走：心浮气躁。

（5）走内、外八字：内八字走法长久下来会造成 O 形腿，外八字走法会使膝盖向外，感觉没有气质，腿型也会变丑，甚至造成 X 形腿。

（6）摇头晃脑，晃臂扭腰；左顾右盼，瞻前顾后：这样的走姿会被误解，特别是在公共场合易给自己招麻烦。

（7）走路时大半个身子前倾：动作不美，又损健康。

（8）行走时与其他人相距过近，与他人发生身体碰撞。

（9）行走时尾随其他人，甚至对其窥视围观或指指点点：此举会被视为有侵犯性侮辱意味。

（10）行走时速度过快或过慢，以至对周围人造成一定的不便。

（11）边行走，边吃喝。

五、手势

手是人体上最富灵性的器官，如果说"眼睛是心灵的窗户"，那么手就是心灵的触角，是人的第二双眼睛。

手势在传递信息、表达意图和情感方面发挥着重要作用。手的"词汇"量是十分丰富的。据语言专家统计，表示手势的动词有近两百个。"双手紧绞在一起"，显示的意义是精神紧张。用手指或笔敲打桌面，或在纸上涂画，显示不耐烦、无兴趣。搓手，显示的意义是有所期待、跃跃欲试，也可表示着急或寒冷。摊开双手，表示真诚和坦率。用手支着头，显示的意义是不耐烦、厌倦。用手托摸下巴，说明老练、机智。用手不停地磕烟灰，表明内心有冲突和不安。突然用手把没吸完的烟掐灭，表明紧张地思考问题，等等。又如招手致意、挥手告别、握手友好、摆手回绝、合手祈祷、拍手称快、拱手答谢（相让）、抚手示爱、指手示怒、颤手示怕、捧手示敬、举手赞同、垂手听命，等等。可见，丰富的手势语在人们交往间是不可缺少的。

在社会交往中，手势有着不可低估的作用，生动形象的有声语言再配合准确、精彩的手势动作，必然能使交往更富有感染力、说服力和影响力。

（一）手势的基本要求

(1) 手势宜少不宜过多。

(2) 手势动作幅度宜小不宜过大。

(3) 谈到别人时要掌心向上，手指自然并拢，指尖朝向别人，切忌用食指指点别人。

(4) 指到自己时应掌心向内，拍在胸脯上，切忌用拇指指自己。

(5) 他人面前切忌用手做不雅的动作。如掏耳朵、搔头皮、挖鼻孔、剜眼屎、剔牙齿、抓痒痒，等等。

(6) 他人面前切忌用手做不稳重的动作。如双手乱摸、乱动、乱放，或是咬指甲、抬胳膊、折衣角、抱大腿等。

（二）常见的手势

1. 引领的手势

各种交往场合都离不开引领动作，例如请客人进门、客人坐下、为客人开门等，都需要运用手与臂的协调动作，同时，由于这是一种礼仪，还必须注入真情实感，调动全身活力，使心与形体形成高度统一才能做出色彩和美感。引领动作主要有以下三种表现形式。

(1) 屈臂式。以右手为例：将五指伸直并拢，手心不要凹陷，手与地面呈45度角，手心向斜上方。肘关节微屈，腕关节要低于肘关节。动作时，手从腹前抬起，向右摆动，到身体右侧稍前的地方停住。同时，双脚形成右丁字步，目视来宾，面带微笑。这是在门的入口处常用的谦让、礼让的姿势。

屈臂式引领手势

（2）伸臂式。以右手为例：将五指伸直并拢，从身体的侧前方，向上抬起，至上臂离开身体的高度，然后以肘关节为轴，手臂由体侧向体前摆动，摆到手与身体几乎垂直处停止，面向右侧，目视来宾。

伸臂式引领手势

（3）斜下式。请来宾入座时，手势要斜向下方。首先用双手将椅子向后拉开，然后，一只手曲臂由前抬起，再以肘关节为轴，前臂由上向下摆动，使手臂向下成一斜线，并微笑点头示意来宾。

2. 手持物品

持物时要求平稳、自然、到位。拿小的东西时，用拇指和食指捏住，其他三指握到掌心，切忌其他三指翘起来。

3. 递接物品

递物时先调整好物品（带文字的物品要正面朝向对方，带尖、带刃的物品则尖、刃朝向自己或朝向他处），再主动上前，用双手递于对方手中，以便对方接拿。接物时要用双手或右手，绝不能单用左手。

4. "OK"的手势

拇指和食指合成一个圆圈，其余三指自然伸张。这种手势在西方某些国家比较常见，在不同国家其语义也有所不同。如：在美国，表示"赞扬""允许""了不起""顺利""好"；在法国，表示"零"或"无"；在印度，表示"正确"；在中国，表示"零"或"三"两个数字；在日本、缅甸、韩国，则表示"金钱"；在巴西，则是"引诱女人"或"侮辱男人"之意；在地中海的一些国家，则是"孔"或"洞"的意思，常用此来暗示、影射同性恋。

"OK"的手势

5. 伸大拇指手势

大拇指向上，在说英语的国家多表示"OK"之意或是打车之意；若用力挺直，则含有骂人之意；若大拇指向下，多表示坏、下等之意。在我国，伸出大拇指这一动作基本上是向上伸表示赞同、一流、好之意，向下伸则表示蔑视、不好之意。

6. "V"字形手势

伸出食指、中指，掌心向外，表示胜利（模仿英文"Victory"的第一个字母）；

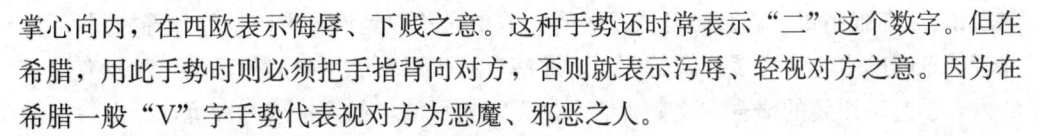

掌心向内，在西欧表示侮辱、下贱之意。这种手势还时常表示"二"这个数字。但在希腊，用此手势时则必须把手指背向对方，否则就表示污辱、轻视对方之意。因为在希腊一般"V"字手势代表视对方为恶魔、邪恶之人。

7. 伸出食指手势

伸出食指，在我国以及亚洲一些国家表示"一""一个""一次"等；在法国、缅甸等国家则表示"请求""拜托"之意。在使用这一手势时，一定要注意不要用手指指人，更不能在面对面时用手指指着对方的面部和鼻子，这是一种不礼貌的动作，且容易激怒对方。

8. 捻指作响手势

捻指作响就是用手的拇指和食指弹出声响，表示高兴，或表示赞同，也可能是无聊之举，有轻浮之感。应尽量少用或不用这一手势，因为其声响有时会令他人反感或觉得没有教养，尤其是不能对异性运用此手势，这是挑衅、轻浮之举。

9. 竖中指

这已是一种世界性的手势语言了，表达骂人的意思，这种手势是极其不雅观的。

10. 食指捻太阳穴

若用食指指向自己的太阳穴捻动并以不屑眼光瞪向对方，表达的意思就是："你疯了吗？"

11. 食指刮下巴

以食指刮下巴，有如刮胡子一般，这是法国特有手势，尤其是女性用来对不喜欢的追求者表示拒绝的意思。

六、表情

所谓表情即面部表情，主要是通过人的眼、眉、嘴、鼻等部位和面部肌肉的综合运动而表现出来的。美国心理学家登布在其《推销员如何了解顾客心理》一文中说："假如顾客的眼睛朝下看，脸转向一边，表示你被拒绝了；假如他的嘴唇放松，笑容自然，下颚向前，则可能会考虑你的提议；假如他对你的眼睛注视几秒钟，嘴角以至鼻翼部位都显出微笑，笑得很轻松，而且很热情，这项买卖就做成了。"由此可见，面部表情在传情达意方面有着重要的作用。面部表情作为丰富且复杂的体态语的一个重要方面，包括脸色的变化、肌肉的收展以及眉、鼻、嘴等的动作，我们这里重点介绍一下眼神和微笑。

（一）眼神

俗话说"眼睛是心灵的窗户"，它是人体传递信息最有效的器官，而且能表达最细微、最精妙的差异，显示人类最明显、最准确的交际信号。正如著名印度诗人泰戈尔所说:"在眼睛里,思想敞开或是关闭,放出光芒或是没入黑暗,静悬着如同落月,或者像忽闪的电光照亮了广阔的天空。那些自有生以来除了嘴唇的颤动之外没有语言的人,学会了眼睛的语言,这在表情上是无穷无尽的,像海一般的深沉,天空一般的清澈,黎明和黄昏,光明与阴影,都在自由嬉戏。"据研究,在人的视觉、听觉、味觉、嗅觉和触觉感受中,唯独视觉感受最为敏感,人由视觉感受得来的信息占总信息的83%。在汉语中用来描述眉目表情的成语就有几十个,如"眉飞色舞""眉目传情""愁眉不展""暗送秋波""眉开眼笑""瞠目结舌""怒目而视"……这些成语都是通过描述眼语来反映人们的喜、怒、哀、乐等情感的,人的七情六欲都能经由眼睛显现出来。

眼神主要由注视的时间、角度、部位和方式四个方面组成。

1. 注视的时间

据调查研究,人们在交谈时,视线接触对方脸部的时间约占全部谈话时间的30%~60%,超过这一平均值,可认为对谈话者本人比对谈话内容更感兴趣;低于平均值,则表示对谈话内容和谈话者本人都不怎么感兴趣。不难想象,如果谈话时心不在焉、东张西望,或只是由于紧张、羞怯不敢正视对方,目光注视的时间不到谈话的三分之一,这样的谈话必然难以被人接受和信任。当然,必须考虑到文化背景,如在南欧,注视对方可能会造成冒犯。

2. 注视的角度

正视对方需要正面相向注视,表示重视对方;平视对方用在身体与被注视者处于相似的高度时,平视被注视者,表示双方地位平等与注视者的不卑不亢;仰视对方,一般体现"尊敬、信任";俯视他人往往表示自高自大或对被注视者不屑一顾。

3. 注视的部位

一般情况下,不宜注视他人头顶、大腿、脚部与手部或是"目中无人"。对异性而言,通常不应该注视其肩部以下,尤其是不应该注视其胸部、裆部、腿部。关系平常的人之间一般只注视对方的面部,关系亲密的异性之间可以注视对方的眼睛。

4. 注视的方式

直视,直接地注视对方,表示认真、尊重,适用于各种情况。若直视他人双眼,称为对视。对视表明自己大方、坦诚,或是关注对方。凝视,直视的一种特殊情况,即全神贯注地进行注视,表示对被注视对象的专注、恭敬。虚视,相对于凝视而言的一种直视,指的是目光游离,眼神飘忽不定,多表示胆怯、疑虑、走神、疲乏,或失意、无聊等。盯视,这种目光会引起对方较强烈的心理反应,容易造成误会,让对方产生压力,有受到侮辱甚至挑衅的感觉,不宜采用。扫视,视线移来移去,注视时上下左右反复打量,表示好奇、吃惊,不可多用,尤其对异性禁用。环视,有节奏地注视不同的人或事物,表示认真、重视,适用于同时与多人打交道,表示自己"一视同仁"。眯视,眯着眼睛看人,表示一个人可能是近视眼,或者想隐藏自己的心理而窥视他人，对异性眯起眼睛，还眨两下眼皮，是一种调情的动作。斜视，从眼角把目光投向别人，传递的是一种漠然、漠视和漫不经心甚至是轻蔑的心理，十分不友好。

在社交过程中，与朋友会面或被介绍认识时，可凝视对方稍久一些，这既表示自信，也表示对对方的尊重。双方交谈时，应注视对方的眼鼻之间，表示重视对方及对其发言感兴趣。当双方缄默不语时，就不要再看着对方，以免加剧因无话题本来就显得冷漠、不安的尴尬局面。当别人说了错话或显拘谨时，务请马上转移视线，以免对方把自己的眼光误认为是对其的嘲笑和讽刺。如果你希望在争辩中获胜，那就千万不要移开目光，直到对方眼神转移为止。送客时，要等客人走出一段路，不再回头张望时，才能转移目送客人的视线，以示尊重。

在谈判中也很讲究眼神的运用。如果让眼镜滑落到鼻尖上，眼睛从眼镜上面的缝隙中窥探，就是对对方鄙视和不敬的情感表露。对方在不停地转眼珠，就要提防其在打什么新主意。双目生辉，炯炯有神，是心情愉快、充满信心的反映，在谈判中持这种眼神有助于取得对方的信任和促进合作。相反，双眉紧锁、目光无神或不敢正视对方，都会被对方认为无能，可能导致对自己的不利结果。

眼神还可传递其他信息。自己被人注视而将视线移开的人，大多怀着相形见绌之感，有很强的自卑感。无法将视线集中在对方身上或很快收回视线的人，多半属于内向型性格。仰视对方，表示怀有尊敬、信任之意；俯视对方表示有意保持自己的尊严。频繁而急速的转眼，是一种反常的举动，常被用作掩饰的一种手段，或内疚，或恐惧，或撒谎，需据情况做出判断。视线活动多且有规则，表明其在用心思考。听别人讲话，一面点头，一面却不将视线集中在谈话人身上，表明其对此话题不感兴趣。说话时对方将视线集中在你身上的人，表明他渴望得到你的理解和支持。游离不定的目光传递出来的信息是心神不宁或心不在焉。

眼神表达异常丰富的信息，但微妙的眼神有时是只可意会，难以言传，只能靠我们在社会实践中用心体察、积累经验、努力把握，方能在社交中灵活运用。

（二）微笑

微笑，是一种特殊的语言——"情绪语言"。它可以和有声语言及行动相配合，起互补作用，沟通人们的心灵，架起友谊的桥梁，给人以美好的享受。工作、生活中离不开微笑，社交中更需要微笑。

微笑是世界通用的体态语，它超越了各种民族和文化的差异。微笑是人人都喜爱的体态语，正因为如此，无论是个人还是组织，都充分重视微笑及其作用。

美国有一个城市被称为"微笑之都"，它就是爱达荷州的波卡特洛市，该市每年都举办一次"微笑节"，可以想象，"微笑之都"的市民的微笑绝不比"蒙娜丽莎"逊色。

世界著名的希尔顿饭店的总经理希尔顿，每当遇到员工都要询问这样一句话："你今天对顾客微笑了没有？"他指出："饭店里第一流的设备重要，而第一流服务员的微笑更重要,缺少服务员的美好微笑,好比花园里失去了春日的太阳和春风。假如我是顾客,我宁愿住进虽然只有破旧地毯,却处处可见微笑的饭店,而不愿走进只有一流设备而不见微笑的地方。"希尔顿正是因为深谙微笑的魅力,才使希尔顿饭店誉满全球。

近年来,日本许多公司员工都在业余时间参加"微笑"培训,他们认为这样可以增强企业内部凝聚力,改善对外服务,提高企业效益。根据日本传统,无论男人还是女人,遇到高兴、悲伤或愤怒时,都必须学会控制情绪,以保持集体和睦。因为日本人认为藏而不露是一种美德。但自从日本经济进入衰退期后,生意越来越难做,商家竞争日趋激烈。于是乎,为招揽顾客,日本商家,特别是零售业和服务业,新招迭出,其中之一就是让员工笑脸迎客。在今日的日本,数以百计的"微笑学校"应运而生。日本一些公司的员工一般在下班后去学校接受培训,时间为90分钟,连续受训一个星期。据称,经过微笑培训,日本不少公司的销售额直线上升。此外,日本许多公司招工时,都把会不会"自然地微笑"作为一个重要条件。

1. 微笑在公共关系中的三个作用

首先,微笑能强化有声语言沟通的功能,增强交际效果。当公共关系人员在接待公众时对公众报以微笑,这种笑的意思是"欢迎您光临",使公众感到温暖有礼;在公众与社会组织发生矛盾、产生误会时,公共关系人员保持微笑有利于矛盾的处理,这时表明和睦相处的微笑能很快化干戈为玉帛。

其次,微笑能塑造良好的个人与组织形象。一个经常微笑的人容易让人感觉亲切,可以接近,从而树立热情、真诚的形象。因此,现在许多组织都提倡"微笑服务"。

最后,微笑一般传递友好、亲善的信息,能有效地缩短交往距离,创造良好的交往气氛。但要注意的是"The Japanese Smile"(特定条件下的"日本微笑")也可传递表示不满、愤恨、下决心报复的信息。据披露,第二次世界大战时,日本偷袭珍珠港事件爆发前的美日谈判,日方代表曾报以可作两种解释的"微笑",美方代表只知其一,不知其二,做出日方代表友好、亲善的判断,这也是对偷袭阴谋麻痹并招致重大损失的原因之一。

2. 微笑是有规范的——四个结合

(1) 口眼结合。要口到、眼到、神色到,笑眼传神,微笑才能扣人心弦。

(2) 笑与神、情、气质相结合。这里讲的"神",就是要笑得有情入神,笑出自己的神情、神色、神态,做到精神饱满,神采奕奕;"情",就是要笑出感情,笑得亲切、甜美,反映美好的心灵;"气质"就是要笑出谦逊、稳重、大方、得体的良好气质。

(3) 笑与语言相结合。语言和微笑都是传播信息的重要符号,只有注意微笑与美好语言相结合,声情并茂,相得益彰,微笑方能发挥它应有的特殊功能。

（4）笑与仪表、举止相结合。以笑助姿、以笑促姿，形成完整、统一、和谐的美。尽管微笑有其独特的魅力和作用，但若不是发自内心的真诚的微笑，那将是对微笑语的亵渎。有礼貌的微笑应是自然的坦诚，内心真实情感的表露。否则强颜欢笑，假意奉承，那样的"微笑"则可能演变为"皮笑肉不笑""苦笑"。比如，拉起嘴角一端微笑，使人感到虚伪；吸着鼻子冷笑，使人感到阴沉；捂着嘴笑，给人以不自然之感。这些都是失礼之举。

微笑

微笑也要有分寸

某日华灯初上，一家饭店的餐厅里客人满座，服务员来回穿梭于餐桌和厨房之间，一派忙碌气氛。这时一位服务员跑去向餐厅经理汇报，说客人投诉有盘海鲜菜中的蛤蜊不新鲜，吃起来有异味。

这位餐厅经理自信颇有处理问题的本领和经验。于是他不慌不忙地向投诉的客人所在的那个餐桌走去。一看，那不是老食客张经理吗！他不禁心中有了底，于是迎上前去一阵寒暄："张经理，今天是什么风把您给吹来了，听服务员说您老对蛤蜊不大对胃口……"这时张经理打断他说："并非对不对胃口，而是我请来的香港客人尝了蛤蜊后马上讲这道菜千万不能吃，有异味，变了质的海鲜，吃了非出毛病不可！我可是东道主，自然要向你们提意见。"餐厅经理接着面带微笑，向张经理进行解释，蛤蚬不是鲜货，虽然味道有些不纯正，但吃了不会要紧的，希望他和其余客人谅解包涵。

不料此时，在座的那位香港客人突然站起来，用手指指着餐厅经理的鼻子大骂起来，意思是，你还笑得出来，我们拉肚子怎么办？你应该负责任，不光是为我们支付药费、治疗费而已。这突如其来的兴师问罪，使餐厅经理一下子怔住了！他脸上的微笑一下子变成哭笑不得。到了这步田地，他揣摩着如何下台阶，他在想，总不能让客人误会刚才我面带微笑的用意吧，更何况微笑服务是饭店员工首先应该做到的。于是他仍旧微笑着准备再作一些解释，不料，这次的微笑更加惹起那位香港客人的怒火，客人甚至流露出想动手的架势，幸亏张经理及时拉了拉餐厅经理的衣角，示意他赶快离开现场，否则简直难以收场了。

事后，这一微笑事故终于使餐厅经理悟出了一些道理来。

思考：各位同学，从本案例中你有些什么收获呢？

（三）面部表情

面部表情是指人们面部所显示出的综合表情。它对眼睛和笑容发挥辅助作用，同时，也可以自成一体，表现自己的独特含义。

一般情况下，通过面容所显示的表情，既有面部部位的局部显示，也有它们的彼此合作，综合显示的特征。

1. 局部表情

人的眉毛、鼻子、嘴巴、下巴、耳朵都可以独立地显示各自的表情。

（1）眉毛显示的表情。

以眉毛的形状变化所显示的表情，一般叫眉语。除配合眼神外，眉语也可独自表意。

- 耸眉型：眉峰上耸，多表示恐惧、惊讶或欣喜。
- 皱眉型：双眉紧皱，多表示困窘、不赞成、不愉快。
- 竖眉型：眉角下拉，多表示气愤、恼怒。
- 挑眉型：单眉上挑，多表示询问。
- 动眉型：眉毛上下快动，一般用来表示愉快、同意或关切。

（2）嘴巴显示的表情。

嘴巴的不同动作往往可以表示不同的心理状态。在交际场合常用的有：

- 张嘴：嘴巴大开，表示惊讶。
- 抿嘴：含住嘴唇，表示努力或坚持。
- 噘嘴：噘起嘴巴，表示生气或不满。
- 撇嘴：嘴角一撇，表示鄙夷或轻视。
- 拉嘴：拉着嘴角，上拉表示倾听，下拉表示不满。

2. 综合表情

(1) 表示快乐：眼睁大，嘴巴张开，眉毛常向上扬。
(2) 表示兴奋：眼睁大，眉毛上扬，嘴角微微上翘。
(3) 表示兴趣：嘴角向上，眉毛上扬，眼睛轻轻一瞥。
(4) 表示严肃：嘴角抿紧下拉，眉毛拉平，注视额头。
(5) 表示敌意：嘴角拉平或向下，皱眉皱鼻，稍一瞥。
(6) 表示无所谓：平视，眉毛展平，整体面容平和。

课题二 仪容

所谓仪容，一般指的是一个人的外观与外貌。简单地说，一个人的仪容就是指这个人形体的基本外观，其中的重点是人的容貌。

在人际交往中，交往对象对自己发自内心的好恶亲疏，往往都是根据其在见面之初对于自己仪容的基本印象"有感而发"的，这种对他人仪容的观感除了先入为主之外，在一般情况下还往往保持不变，其作用可谓大矣。

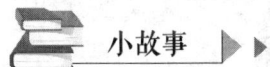 小故事

日本松下电器产业株式会社创始人松下幸之助一次到银座的一家理发厅去理发。理发师对他说："你毫不重视自己的容貌修饰，就好像把产品弄脏一样，你作为公司代表都如此，产品还会有销路吗？"一席话说得他无言以对，以后他接受了理发师的建议，十分注意自己的仪表，不惜到东京理发。

一个人的仪容，大体上受到两大因素的左右。其一，是本人的先天条件。一个人相貌如何，通常主要受制于血缘遗传。不管一个人是"天生丽质难自弃"，还是长得丑陋不堪，实际上一降生到人世便已"命中注定如此"，其后的发展变化往往不会与之相去甚远。其二，是本人的修饰维护。每个人的先天条件固然头等重要，然而这么说并非意味着一个在仪容方面先天条件优越的人，便可以过分地自恃其长，而不去进行任何后天的修饰或维护。事实上，修饰与维护，对于仪容的优劣往往起着一定的作用。在任何情况下，一个正常人倘若不注意对本人的仪容进行合乎常规的修饰与维护，往往在他人的心目中也难有良好的个人形象可言。所以我们必须时刻不忘对自己的仪容进行必要的修饰和整理，做到"内正其心，外正其容"。

一、仪容的清洁

要做到仪容干净整洁，重要的是长年累月坚持不懈，不厌其烦地进行以下仪容细

节的修饰工作。

（一）头发的整洁

首先应清洗头发。除了要注意采用正确的方式方法之外，最重要的是要对头发定期清洗，并且坚持不懈。一般认为，每周至少应当对自己的头发清洗两三次。

其次是修剪头发。与清洗头发一样，修剪头发同样需要定期进行，并且持之以恒。在正常情况下，通常应当每半个月左右修剪一次自己的头发。至少，也要确保每个月修剪头发一次。否则，自己的头发便难有"秩序"可言。

最后是梳理头发。梳理头发是每天必做之事，而且往往应当不止一次。按照常规，在下述情况下皆应自觉梳理一下自己的头发。一是出门上班前，二是换装上岗前，三是摘下帽子时，四是下班回家时，五是其他必要时。

在梳理自己的头发时，还有三点应予以注意。一是梳理头发不宜当众进行。作为私人事务，梳理头发时当然应当避开外人。二是梳理头发不宜直接下手，最好随身携带一把发梳，以便必要时梳理头发之用。不到万不得已，千万不要以手指去代替发梳。三是断发头屑不宜随手乱扔。梳理头发时，难免会产生少许断发、头屑等，信手乱扔是缺乏教养的表现。

 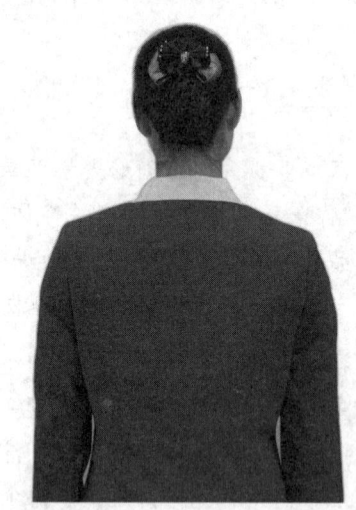

头发的整洁

（二）面部的整洁

1. 去除分泌物

首先要清除眼角分泌物——"眼屎"，它给人的印象很不雅，所以应经常及时地将其清除；戴眼镜者还应注意，眼镜片上的污渍也要及时揩除。

其次要注意去除鼻孔分泌物，在外出上班或出席正式活动之前，要检查一下鼻孔内有无鼻涕，若有，要及早清除。

再次要去除耳朵的分泌物——"耳残",虽然它不易看到,却不要忘记对其进行打扫。

最后还要注意去除口部的多余物,这是指口角周围沉积的唾液、飞沫、食物残渣和牙缝间的牙垢,他们看起来让人作呕,必须及时发现,及时清除。

2. 注意口腔卫生

坚持每天刷牙,消除口腔异味,维护口腔卫生,是非常必要的。有可能的话,在吃完每顿饭以后都要刷一次牙,切勿用以水漱口和咀嚼口香糖一类无效的方法来替代刷牙。还要养成平日不吃生蒜、生葱和韭菜一类带刺激性气味的食物的良好习惯,免得在工作中担心自己说话"带味道",或是使接近自己的人感到不快。

3. 定时剃须

除了宗教信仰要求外,男性礼仪人员不宜蓄留胡须,因为在交际场合"美髯公"并不美,它显得不清洁,还显得对交往对象不尊重,因此男性最好每天坚持剃一次胡须,绝对不可以胡子拉碴地上班或与人会面。此外还要注意经常检查和修剪鼻毛,在人际交往中,偶尔有一两根鼻毛黑乎乎地"外出",是会破坏他人对自己的看法的。

面部的整洁

(三) 保持手部卫生

在每个人的身上,手是与外界进行直接接触最多的一个部位,它们最容易沾染脏东西,所以必须首先勤洗手,除饭前、便后外,还要在一切有必要对其讲究一下卫生的时候。还要常剪手指甲,绝不要留长指甲,因为它不符合礼仪人员的身份,还会藏污纳垢,给人不讲卫生的印象。手指甲的长度以不长过手指指尖为宜。

案例讨论

不修边幅的小李

小李的口头表达能力不错,对公司产品的介绍也得体,人既朴实又勤快,在业务人员中学历又最高,老总对他抱有很大期望。可做销售代表半年多了,业绩总上不去。问题出在哪儿呢?原来,小李是个不爱修边幅的人,双手拇指和食指留着长指甲,里面经常藏着很多"东西"。脖子上的白衣领经常是酱黑色,有时候手上还记着电话号码。他喜欢吃大饼卷大葱,吃完后,不知道去除异味的必要性。在大多情况下，他根本没有机会见到想见的客户。

思考：本案例中的小李想要在职场中获得成功，应该从哪些方面做出改进？

二、仪容的修饰

（一）头发的修饰

发型是构成仪容美的重要内容。美观的发型能给人一种整洁、庄重、洒脱、文雅、活泼的感觉。根据不同人的发质、服装、身材、脸型等选择合适的发型，就可以扬长避短，和谐统一，增加人体的整体美。

1. 发式与发质、服装

一般来说，直而硬的头发容易修剪得整齐，故设计发型时应尽量避免花样复杂，应以修剪技巧为主，做成简单而又高雅大方的发型。比如梳理成披肩长发，会给人一种飘逸秀美的悬垂美感；用大号发卷梳理成略带波浪的发型或梳成发髻等，会呈现一种雍容、典雅的高贵气质。

细而柔软的头发，比较服帖，容易整理成型，可塑性强，适合做小卷曲的波浪式发型，显得蓬松自然；也可以梳成俏丽的短发，能充分体现你的个性美。

在现代美容中，一个人的发式与服装有着十分密切的关系。什么样的服装应当有什么样的发式相配，这样才显得协调大方。假如一个高贵典雅的发髻配上一套牛仔服就会显得不伦不类，端庄与娇俏的发式也应与各式样的服装配合。因此，只有和谐统一才能体现美。

2. 发式与身材

身材高大威壮者，应选择显示大方、健康、洒脱美的发式，以免给人大而粗、呆板生硬的印象。高大身材的女士，一般留简单的短发为好，切忌花样复杂。烫发时，不应卷小卷，以免造成与高大身材的不协调。

身材高瘦者，适合留长发，并且适当增加些发型的装饰性。如梳卷曲的波浪式发型，会对高瘦身材更有一定的协调作用。但高瘦身材者不宜盘高发髻，或将头发削剪得太短，以免给人一种更加瘦长的感觉。

身材矮小者，适宜留短发或盘发，因露出脖子可以使身材显得高些，并可以根据自己的喜好，将发式做得精巧别致些，追求优美、秀丽。但矮小身材者不宜留长发或粗犷、蓬松的发型，那样会使身材显得更矮。

身材较胖者，适宜梳淡雅舒展、轻盈俏丽的发式，尤其应注意让整体发式向上，将两侧束紧，使脖子亮出，这样会使人产生视错觉，感觉你瘦些。若留长波浪，两侧蓬松，则会显得更胖。

另外，如果你的上身比下身长，或上下身等长，发式可选择长发以遮盖上身；如

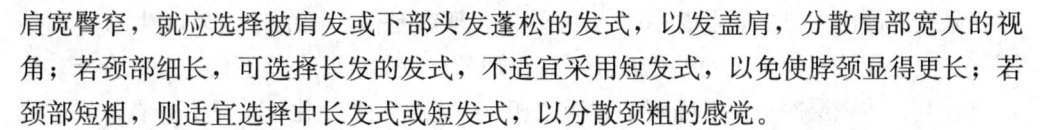

肩宽臀窄,就应选择披肩发或下部头发蓬松的发式,以发盖肩,分散肩部宽大的视角;若颈部细长,可选择长发的发式,不适宜采用短发式,以免使脖颈显得更长;若颈部短粗,则适宜选择中长发式或短发式,以分散颈粗的感觉。

总之,进行发式选择时,必须根据自己的体型,选择一个与之相称的发型。

3. 发式与脸型

(1) 椭圆脸型:任何发式都能与它搭配,能达到美容效果。但若采用中分头路,左右均衡、顶部略蓬松的发式,会更贴切,以显示脸型之美。

(2) 圆脸型:接近于孩童脸,双颊较宽,因此应选择头前部或顶部略半隆的发式,两侧则要略向后梳,将两颊及两耳稍微留出,这样,既可以在视觉上冲淡脸圆的感觉,又显得端庄大方。圆脸型的人尤其适合梳纵向线条的垂直向下的发型或是盘发,这会使人显得挺拔而秀气。

(3) 长脸型:端庄凝重,但给人一种老成感。因此,应选择优雅可爱的发式来冲淡这种感觉,顶发不宜太丰隆,前额部的头发可适当下倾,两颊部位的头发适当蓬松些,可以留长发,也可以齐耳,发尾要松散流畅,以发型的宽度来缩短脸的视觉长度。若将头发做成自然成型的柔曲状,会更理想。

(4) 方脸型:前额较宽,两腮突出,显得脸型短阔。适宜选择自然的大波纹状发式,使头发柔和地将脸孔包起来,两颊头发略显蓬松遮住脸的宽部,用线条的圆润冲淡脸部方正直线条的印象。

(5) "由"字脸:应选择宜表现额角宽度的发型,中长发型较好。可使顶部的头发梳得松软蓬松些,两颊侧的头发宜向外蓬出以遮住腮,在视觉上减弱腮部的宽阔感。

(6) "甲"字脸:宜选择能遮盖宽前额的发型,一般说两颊及后发应蓬松而饱满,额部稍垂"刘海",顶部头发不宜丰隆,以遮住过宽的额头。此脸型的人适宜将发烫成波浪形的长发。

(二) 面部的修饰

1. 化妆的原则

(1) 美化原则。每一个化妆的人都希望化妆能使自己变得更美丽,这是无疑的,但事实上,很多人以为把各种色彩涂抹在脸的相应部位就自然美了,这是错误的。我们看到许多幼儿园的孩子被阿姨化妆化得脸上一团红、眼睛一团黑,变得又凶又老气,孩子的天真可爱荡然无存,这样的化妆不是美化了,而是丑化了。因此,美化的原则是从效果来说的。要使化妆达到美的效果,首先必须了解自己的脸的各部位特点,孰优孰劣要心中有数;还要清楚怎样化妆和矫正才能扬长避短,变拙陋为俏丽,使容貌更迷人。这些,要在把握脸部个性特征和正确的审美观的指导下进行。

(2) 自然原则。自然是化妆的生命,它能使化妆后的脸看起来真实而生动,不是一张呆板生硬的面具。化妆失去自然的效果,那就是假,假的东西就无生命力和美了。自然的化妆要依赖正确的化妆技巧、合适的化妆品;要一丝不苟,井井有条;要讲究过渡、体现层次;要点面到位、淡浓相宜。总之,要使化妆说其有,看似无,就像被化妆的人确确实实长了这样一张美丽的面容,像真的一样。化妆时不讲艺术技法手段,胡来一气,敷衍了事,片面追求速度,都有可能使妆面失真。

(3) 协调原则。

①妆面协调,指化妆部位色彩搭配、浓淡协调,所化的妆针对脸部个性特点,整体设计协调。

②全身协调,指脸部化妆还必须注意与发型、服装、饰物协调,如穿大红色的衣服或配了大红色的饰物时,口红可以采用大红色的。力求取得完美的整体效果。

③身份协调,指礼仪人员化妆时要考虑自己的职业特点和身份,采用不同的化妆手段。作为职业人士,应注意化妆后体现端庄稳重的气质;作为专门从事各种关系建立和协调的从业人员,出头露面的机会多,与有身份、有地位、有权力的人打交道频繁,要表现一定的人际吸引魅力,化妆就不能太艳俗或太单调,而应浓淡相宜,青春妩媚,迎合人们共同的爱美之心。

④场合协调,是指化妆要与所去的场合气氛一致。日常办公,妆可以化淡一些;出入宴会、舞会场合,妆可以化浓一些,尤其是舞会,妆可以亮丽一些;参加追悼会,素衣淡妆,忌使用鲜艳的红色化妆。不同的场合不同的化妆,相得益彰,不仅会使化妆者内心保持平衡,也会使周围的人心理融洽。

2. 化妆的方法

化妆时要认真掌握化妆的方法。化妆大体上应分为打粉底、画眼线、施眼影、描眉形、上腮红、涂唇彩、喷香水等步骤。每个步骤均有一定之法,必须认真遵守,讲求化妆的方法。

(1) 润肤。轻拍化妆水,补充水分,涂抹适量的保湿霜、润肤露滋润十分钟。

(2) 打粉底。打粉底又叫敷底粉或打底。它是以调整面部皮肤颜色为目的的一种基础化妆。在打粉底时,有四点应特别予以注意。一是事先要清洗好面部,并且拍上适量的化妆水、乳液。二是选择粉底霜时要选择好它的色彩。通常,不同的肤色应选用不同的粉底霜。选用的粉底霜最好与自己的肤色相接近,而不宜使二者反差过大,看起来失真。三是打粉底时一定要借助海绵,而且要做到取用适量、涂抹细致、薄厚均匀。四是切勿忘记脖颈部位。在那里打上一点儿粉底,才不会使自己面部与颈部"泾渭分明"。

(3) 画眼线。这一步骤在化妆时最好不要省掉。它的最大好处是可以让化妆者的一双眼睛生动而精神,并且更富有光泽。在画眼线时,一般应当把它画得紧贴眼睫毛。具体而言,画上眼线时,应当从内眼角朝外眼角方向画;画下眼线时,则应当从外眼角朝内眼角画,并且在距内眼角约 1/3 处收笔。应予以重点强调的是,在画外眼线时,特别要重视笔法。最好是先粗后细,由浓而淡,要注意避免眼线画得呆板、锐

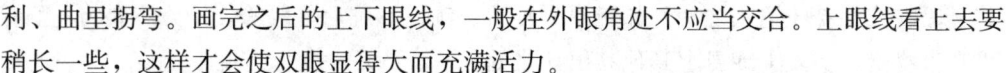

利、曲里拐弯。画完之后的上下眼线，一般在外眼角处不应当交合。上眼线看上去要稍长一些，这样才会使双眼显得大而充满活力。

（4）施眼影。这一步骤的主要目的是强化面部的立体感，以凹眼反衬隆鼻，并且使化妆者的双眼显得更为明亮传神。施眼影时，有两大问题应予以注意。一是要选对眼影的具体颜色。过分鲜艳的眼影，一般仅适用于晚妆，而不适用于工作妆。对中国人来说，化工作妆时选用浅咖啡色的眼影，往往收效较好。二是要施出眼影的层次之感。施眼影时，最忌没有厚薄深浅之分。若注意使之由浅入深，层次分明，将有助于强化化妆者眼部的轮廓。

（5）描眉形。一个人眉毛的浓淡与形状，对其容貌发挥着重要的烘托作用。任何有经验的化妆者，都会将描眉视为其化妆时的重中之重。在描眉时，有四点需要注意。一是先要进行修眉，以专用的镊子拔除那些杂乱无序的眉毛。二是描眉所要描出的整个眉形，必须要兼顾本人的性别、年龄与脸型。三是在具体描眉形时，要对眉毛进行逐根细描，而忌讳一画而过。四是描眉之后应使眉形具有立体之感，所以在描眉时通常都要在具体手法上注意两头淡，中间浓，上边浅，下边深。

（6）上腮红。这一步骤是化妆时在面颊处涂上适量的胭脂。上腮红的好处是可以使化妆者的面颊更加红润，面部轮廓更加优美，并且显示出其健康与活力。在化工作妆时上腮红，需要注意四点。一是要选择优质的腮红，若其质地不佳，便难有良好的化妆效果。二是要使腮红与唇膏或眼影属于同一色系，以体现妆面的和谐之美。三是要使腮红与面部肤色过渡自然。正确的做法应是，以小刷蘸取腮红，先上在颧骨下方，即高不及眼睛、低不过嘴角、长不到眼长的 1/2 处，然后才略作延展晕染。四是要扑粉进行定妆。在上好腮红后，即应以定妆粉定妆，以便吸收汗粉、皮脂，并避免脱妆。扑粉时不要用量过多，并且不要忘记在颈部也扑上一些。

（7）涂唇彩。化妆时，唇部的地位仅次于眼部。涂唇彩，既可改变不理想的唇形，又可使双唇更加娇媚迷人。涂唇膏时的主要注意事项有三。一是要先以唇线笔描好唇线，确定好理想的唇形。唇线笔的颜色要略深于唇膏的颜色。描唇形时，嘴应自然放松张开，先描上唇，后描下唇。在描唇形时，应从左右两侧分别沿着唇部的轮廓线向中间画。上唇嘴角要描细，下唇嘴角则要略去。二是要涂好唇膏。以唇线笔描好唇形后，才能涂唇膏。选择唇膏时，既可以选彩色，也可以选无色。但要求其安全无害，并要避免选用鲜艳古怪之色。女性一般宜选红色、橙色或粉色，男性则宜选无色唇膏。涂唇膏时，应从两侧涂向中间，并要使之均匀而又不超出早先以唇线笔画定的唇形。三是要仔细检查。涂毕唇彩后，要用纸巾吸去多余的唇膏，并细心检查一下牙齿上有无唇膏的痕迹。

（8）喷香水。喷香水主要是为了掩饰不雅的体味，而不是为了使自己香气袭人，这一点很重要。喷香水要注意的问题有：一是不应使之影响本职工作，或是有碍于人。二是宜选气味淡雅清新的香水，并应使之与自己同时使用的其他化妆品香型大体上一致，而不是彼此"串味"。三是切勿使用过量，产生适得其反的效果。四是应当将其喷在或涂抹于适当之处，如腕部、耳后、颔下、膝后，等等，千万不要将它直接喷在衣物上、头发上或身上其他易出汗之处。

  3. 化妆的礼节

  化妆的浓淡视场合而定，白天工作场合化淡妆，夜晚化浓妆、淡妆都适宜；不能在公共场所化妆，在众目睽睽之下化妆是非常失礼的。如有必要化妆或修饰的话，要到卧室或化妆间里去做。工作时间不能化妆，否则易被他人当作不务正业的人。不允许在同事面前化妆，尤其是当着男士化妆，否则会引起误会；不要非议他人的容妆，由于民族、肤色和文化修养的差异，每个人的化妆不可能都是一样的。男士化妆应适当，化妆品不宜用太多，否则让人讨厌。不要借用他人的化妆品，这样做既不卫生又不礼貌。

课题三　着装

  心理学家曾做过一个有趣的实验，把10张女性的照片给受试者看，其中8人容貌服饰较好，另两位长相较差，衣服也破旧。心理学家告诉受试者，其中一人是小偷。结果有80%的受试者认为后者中有小偷。该实验说明人们总是喜欢那些看上去令人感觉舒适、美好的人。美好的长相、匀称挺拔的身材、美观大方的服饰均能增添人的仪表魅力，给人以舒服、美好的感觉。如果说人的长相天生、身材长短难以变更，那么服饰却是可以变化的。

  整洁美观的服饰是人们能用以改变自己或烘托自己的最好、使用最频繁的"武器"。早在1972年，世界著名心理学家及讲演大师肯利教授就发现，在高中女孩的交往友谊中，穿衣最重要，占留给别人印象的67%之多，在多年之后，我们即便回忆不起当年的容貌，却对"当时穿什么"印象特深，其次才是个性，再次是共同的兴趣。因而他发现着装是一个强烈、显著的信号，并告诉人们一个原则：服装只要运用得当，就是最有利的沟通工具之一，也是最便捷的人际交往"名片"；并且进一步通过实验证实，不同的着装能让我们得到不同的待遇。肯利教授最后指出，在任何事业上，成功穿着都能够帮助人们取得更大成功。

  美国商人希尔就清楚地认识到，在商业社会中，一般人首先是根据一个人的衣着来判断对方的实力的，因此，他首先去拜访裁缝。靠着往日的信用，希尔做了三套昂贵的西服，共花了275美元，而当时他的口袋里仅有不到1美元的零钱。然后他又买了一整套最好的衬衫、领带，而这时他的债务已经达到675美元。每天早上他都会身穿一套全新的衣服，在同一时间里同一位出版商"邂逅"，希尔每天都和他打招呼，并偶尔聊上一两分钟。这种例行性会面大约进行了一星期之后，出版商开始主动与希尔搭话，并说："你看来混得相当不错。"接着出版商便想知道希尔从事哪一行业。因为希尔身上的衣着表现出来的这种极有成就的气质，再加上每天一套不同的新衣服，已引起了出版商极大的好奇心,这正是希尔盼望发生的事情。希尔于是很轻松地告诉出版商:"我正在筹备一份新杂志,打算在近期内争取出版,杂志的名称为《希尔的黄金定律》。"出版商说:"我是从事杂志印刷和发行的。也许我也可以帮你的忙。"这正是希尔等候的那一刻,而当他购买这些新衣服时,他心中已想到了这一刻。这位出版商邀请希尔到他的俱乐部,和他共进午餐,在咖啡和香烟尚未送上桌前,已说服希尔答应和他签合约,由他负责印刷和发行希尔的杂志。发行《希尔的黄金定律》这本杂志所需要的资金至少在三万美元以上,而其中的每一分钱都是借漂亮衣服所创造的"幌子"筹集来的。

因此,我们要学会运用服饰这一武器来"武装"自己,获得成功。

一、服装的类别

不同社交场合对服装的要求是不同的,比如参加宴会、晚会等重要社交活动的服装与郊游、运动或居家休息的服装就有很大区别。为了着装得体,就要了解在什么场合应穿什么衣服,什么服装适合在什么场合穿。

(一)便装

便装指平常穿的服装,使用范围广泛,根据不同的用途和环境,便装又分很多种。街市服比礼服随便得多,例如上街购物、看影剧、会见朋友等可以穿着。它很大程度上受流行趋势影响,是时装的重要组成部分。每个人可根据自己的爱好及自身的客观条件选择各式各样的街市服,但穿着时一定要注意它是否符合将要去的环境与那里的气氛。面料可用毛、丝绸、化纤等,并可根据季节的变化而变换。

旅游服、运动服等依据具体情况做准备,重要的是舒适、实用、便于行动。

家庭装与家庭的气氛相称。在家里要做家务,还要休息,以便养精蓄锐,所以家庭装应随便、舒适、格调轻松活泼。早晚穿着的有居家服、睡衣等,但不能穿这类服装会客。

(二)职业装

职业装即工作服装,适合各自职业的性质、工作环境,实用又便于活动,给人整齐划一、美观整洁之感,能振奋人心,增强职业自豪感。如果是旅游接待人员的工作服,应便于人体的各部分活动,自然得体大方;而作为教师,其职业服装应显出端庄、严谨并富有亲和力的特征。

(三)制服

制服是指上班的人在他的工作岗位上按照规定必须穿着的,由所在单位统一制作下发的服装,如公安、税务、工商、司法、海关、军队、医院、邮政等特定部门规定的服装,或者是企业单位自己设计制作的服装。制服往往有独特的式样、色彩、图案以及所配套佩戴的帽子、证章、徽记、标志等，它要求本单位人员严格遵守穿戴规则。

（四）正式服装

正式服装用于参加婚葬仪式、会客、拜访、社交场合。这类服装式样，一般是根据穿用的目的、时间、地点而定的。现在的正式服装正在简化，但仍保持着它的美感和庄重感。在穿着正式服装时，要注意与自身条件相协调，并慎重选择款式和面料，才能给人以雅致的印象。

晚礼服用于晚间宴会或外交场合，有正式、略式之分，在款式上没有固定的格式，但都有高格调和正统感。欧洲女士晚礼服的特点是露出肩、胸，有无袖，也有紧领、长袖的式样，长至脚边，多选用丝绸、软缎、织锦缎、麻丝等面料加工制作。如果装饰物合理，会显得格外漂亮雅致。晚礼服只能在特定的时间、场合穿。

午后礼服是在下午比较正式的拜访、宴会场合穿着的礼服，有正式、非正式之分。正式的用于参加婚礼、宴会等场合，非正式的可用于外出或拜访。裙长一般较长，款式不固定，格调高雅、华贵。典型的午后礼服要配戴帽子、提包，还要佩戴项链。

正式服装中还有晚会服、酒会服、婚礼服等。参加结婚仪式的宾客应穿正式的酒会礼服，气氛轻松，穿丝绸类套装、连衣裙等以示对主人的尊重，其次表明结婚仪式的庄重，但应注意不要色彩过于抢眼，以免喧宾夺主。

二、着装的原则

着装时，应遵循人们公认的三原则——"TPO"原则，即"time"（时间）、"place"（地点）、"occasion"（场合）。

（一）时间原则

它是指在不同的时代、不同的季节、不同的时间应穿不同的服装。服装是有时代性的。比如，民国时期，女子穿旗袍，男子则是长袍马褂、对襟开衫，若有人穿西装就会被讥笑为"假洋鬼子"；新中国成立之初，不分男女老少一律是蓝制服或绿军装；而现在服装已成为显示风度气质、文化修养和身份地位的重要工具。服装有季节性，如在深秋时节穿一件无袖轻薄的连衣裙，很难给人留下美感。服装还有时间性。一般有日装、晚装之分。日装要求轻便、舒适，便于活动，但款式不可以使身体裸露；而晚装则要求艳丽、华贵、珠光宝气，可适当裸露，因此日装、晚装不能颠倒。

（二）地点原则

地点原则是指环境原则。它是指不同的工作环境、不同的社交场面，着装要有所不同。比如，一个在外贸公司工作的公关小姐，总是喜欢穿款式陈旧、色泽暗淡的服

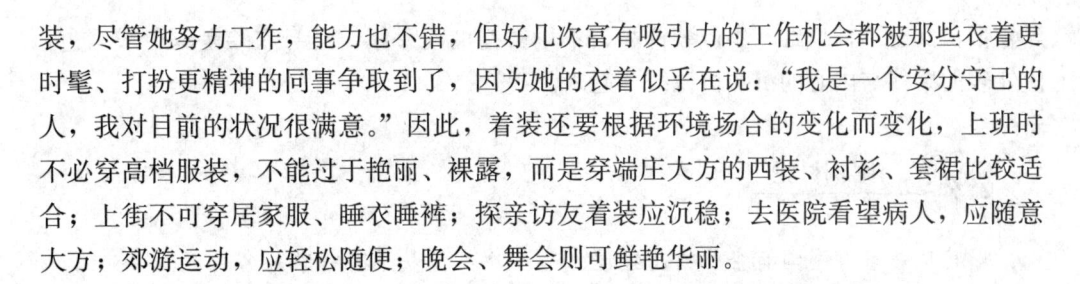

装，尽管她努力工作，能力也不错，但好几次富有吸引力的工作机会都被那些衣着更时髦、打扮更精神的同事争取到了，因为她的衣着似乎在说："我是一个安分守己的人，我对目前的状况很满意。"因此，着装还要根据环境场合的变化而变化，上班时不必穿高档服装，不能过于艳丽、裸露，而是穿端庄大方的西装、衬衫、套裙比较适合；上街不可穿居家服、睡衣睡裤；探亲访友着装应沉稳；去医院看望病人，应随意大方；郊游运动，应轻松随便；晚会、舞会则可鲜艳华丽。

（三）场合原则

所谓穿着要注意场合，是说要根据不同场合来进行着装。英国女王伊丽莎白二世访问中国期间，走出机舱门第一个亮相，穿的是正黄色西服套裙，戴正黄色帽子。这位女王喜欢红色和天蓝色，很少穿黄衣服。但在中国，几千年的历史上黄色是皇帝的专用色。女王来中国访问穿正黄色，既表示尊重中国的传统习俗，又显示了她作为一国君主的高贵身份。

社交中，不同场合有不同的着装要求。这里主要介绍喜庆欢乐的场合、隆重庄严的场合、华丽高雅的场合和悲伤肃穆的场合的穿着要求。

喜庆欢乐的场合包括庆祝会、欢乐会、生日、结婚纪念日活动、婚礼聚会等。喜庆欢乐场合的穿着应与人们高兴、快乐、兴奋的情绪协调，女士可以穿得色彩鲜艳、丰富一些，款式也可以新颖一些，以烘托活跃欢乐的气氛。太深沉的色彩和太古板的款式都不太适宜。男士虽不能像女士那样穿红着绿，但白色或其他浅色西装、花色漂亮醒目的领带，均可以拿出来潇洒一番，以表现男士轻松愉快的心情。

隆重庄严的场合，如开幕闭幕式、签字仪式、出席重要的或高层次会议、重要的会见活动、新闻发布会等。这种场合是正式的，要特别注意个人的公众形象和媒介形象，注意仪表，衬托隆重庄严的气氛，所以不能穿得太随便。男士应西装革履，正规、配套、整齐、洁净、一丝不苟，这是个人仪表形象的原则；女士不要花里胡哨、松松垮垮、随随便便，也应穿上套装或较为素雅端庄的连衣裙，体现职业女士在正规场合的风范。

华丽高雅的场合，多半为晚上举办的正式社交活动，如正式宴会、酒会、招待会、舞会、音乐会等。在这种场合女士的着装应较为华丽高贵，女士有责任把自己打扮得漂亮一点，以显示美好的气质和修养。可以穿连衣长裙、套裙，面料要华丽，质地要好，色彩应单纯（最好为单色）。服装可以有花边装饰，也可以用胸针、项链、耳环、小巧漂亮的坤包点缀。式样简洁的华丽裙装，更能体现一种脱俗美。男士穿着深色西服，从头到脚修饰一新，就可以步入华丽高雅的场合。

悲伤肃穆的场合，如吊唁活动和葬礼，这时的服装色彩不能太刺眼，款式不能太引人注目。到这种场合来的人，应该抱着沉痛的心、肃穆的情绪，为亡故者而来，而不是来展示个人的自我形象，因此在着装上应避免突出个性，表现自我，而是要将自我的个性揉进这种特殊场合的群体氛围之中。男士可以穿黑色或深色西装配白衬衣、黑领带；女士不抹口红、不戴装饰品、不用鲜艳的花手绢，全身衣装是深色或素色，使外表的肃穆与内心的沉痛协调统一起来。

 **案例讨论**

郑某是一家大型国有企业的总经理。有一次，他获悉有一家著名的德国企业的董事长正在本市进行访问，并有寻求合作伙伴的意向，于是他想尽办法，请有关部门为双方牵线搭桥。

让郑总经理欣喜若狂的是，对方也有兴趣同他的企业进行合作，而且希望尽快与他见面。到了双方会面的那一天，郑总经理对自己的形象刻意地进行了一番修饰，他根据自己对时尚的理解，上穿夹克衫，下穿牛仔裤，头戴棒球帽，足蹬旅游鞋。无疑，他希望自己能给对方留下精明强干、时尚新潮的印象。然而事与愿违，郑总经理自我感觉良好的这一身时髦的"行头"，却偏偏坏了他的大事。

【讨论提示】根据惯例，在涉外交往中，每个人都必须时时刻刻注意维护自己形象，特别是要注意自己正式场合留给初次见面的外国友人的第一形象。郑总经理与德方同行的第一次见面属国际交往中的正式场合，应穿西服或传统中山服，以示对德方的尊敬。但他没有这样做，正如他的德方同行所认为的：此人着装随意，个人形象不合常规，给人的感觉是过于前卫，尚欠沉稳，与之合作之事当再作他议。

三、着装的注意事项

着装，还受容貌肤色、年龄、职业、性格等多种因素的影响。比如，你的相貌很老成，却总爱穿大花短上衣，就显得很滑稽；你的肤色偏黄，却爱穿土黄色或黑色服装，越发像"出土文物"；你的年龄明明只有十八九岁，却总穿灰色服装，必然像三四十岁的大嫂。着装还要综合考虑自己各方面的条件和社会条件，穿出自我、穿出个性。比如，外形和气质都比较活泼的公关小姐，其穿着可以比较艺术、夸张，一件洋红色的旗袍既可显示身材美，又可将其容貌映衬得鲜亮高雅。而一位女市长的服饰设计则必须在精明干练、独立果敢中透出一股温和娴雅的天性，比如一套银灰色套裙外加一件外套可以适合她的身份。

另外，在一些重大的社交场合，你的穿着在表现自我的同时，还必须与他人保持一致。曾有一位企业家去会见前来考察的德国同行，由于天气很热，他便像往常一样，穿着汗衫、短裤和凉鞋去了。岂料对方见到他后立刻露出不高兴的神色，没谈几句就起身告辞了。因为国外在这种重要场合，彼此都要西装革履，否则就意味着瞧不起对方。因此在与人约见之前，一定要仔细考虑对方可能的穿着，并加以对应。这样才能迅速缩短双方的心理距离，博得对方的好感和信任。

（一）注意协调

所谓穿着的协调，是指一个人的穿着要与他的年龄、体型、职业和所处的场合等吻合，表现出一种和谐，这种和谐能给人以美感。

首先，穿着要和年龄相协调。在穿着上要注意你的年龄，与年龄相协调，不管青年人还是老年人，都有权利打扮自己，但是在打扮时要注意，不同年龄的人有不同的穿着要求。年轻人应穿着鲜艳、活泼、随意一些，这样可以充分体现青年人的朝气和蓬勃向上的青春之美。而中、老年人的着装则要注意庄重、雅致、整洁，体现成熟和稳重，透出那种年轻人所没有的成熟美。因此，无论你是青年、中年、还是老年，只要你的穿着与年龄相协调，那么都会使你显出独特的美来。

其次，穿着要与体型相协调。关于人体美的标准，古今中外众说纷纭。有关专家综合我国人口的健美标准，提出两性不同的体型标准。女性的标准体型是：骨骼匀称、适度。具体表现为：站立时头颈、躯干和脚的纵轴在同一垂直线上。若身高160厘米，则其较为理想的体重是50～55千克，肩宽是36～38厘米，胸围是84～86厘米，腰围是60～62厘米，臀围是86～88厘米。男性的标准体型应基本遵循两臂侧平举等于身高的原则，若身高167～170厘米，则其较为理想的体重是68～70千克，胸围是95～98厘米，腰围是75～78厘米，颈围是30～40厘米，上臂围是32～33厘米，大腿围是55～56厘米，小腿围是37～38厘米。

然而，在现实生活中，并非每个人的体型都十分理想，人们或多或少地存在着形体上的不完美或欠缺，或高或矮，或胖或瘦。若能根据自己的体型挑选合适的服装，扬长避短，则能实现服装美和人体美的和谐统一。

一般来说，身高较高的人，上衣应适当加长，配以低圆领或宽大而蓬松的袖子、宽大的裙子、衬衣，这样能给人以"矮"的感觉，衣服颜色上最好选择深色、单色或柔和的颜色；身高较矮的人，不宜穿大花图案或宽格条纹的服装，最好选择浅色的套装，上衣应稍短一些，使腿比上身突出，服装款式以简单直线为宜，上下颜色应保持一致；体型较胖的人应选择小花纹、直条纹的衣料，最好是冷色调，以达到显瘦的效果，在款式上，胖人要力求简洁，中腰略收，后背扎一中缝为好，不宜采用关门领，以"V"形领为最佳；体型较瘦的人应选择色彩鲜明、大花图案以及方格、横格的衣料，给人以宽阔、健壮的视觉效果，在款式上，瘦人应当选择尺寸宽大、上下分割花纹、有变化的、较复杂的、质地不太软的衣服，切忌穿紧身衣裤，也不要穿深色的衣服。另外，肤色较深的人穿浅色服装，会获得健美的色彩效果，肤色较白的人穿深色服装，更能显出皮肤的细洁柔嫩。

再次，穿着要和职业相协调。穿着除了要和身材、体型协调之外，还要与你的职业相协调。这一点非常重要，不同的职业有不同的穿着要求。例如，教师、公务人员一般穿着要庄重一些，不要打扮得过于妖冶，衣着款式也不要过于怪异，这样可以给人留下一个良好的印象；医生穿着力求显得稳重和富有经验，一般不宜穿着过于时髦给人以轻浮的感觉，这样不利于获得病人的信任；青少年学生穿着要朴实、大方、整洁，不要过于成人化；演员、艺术家则可以根据他们的职业特点，穿得时尚一些。

最后，穿着要和环境相协调。穿着还要与你所处的环境相协调。上班、办公室是一个很严肃的地方，因此在穿着上就应整齐、庄重一些。外出旅游，穿着应以轻装为宜，力求宽松、舒适，方便运动。平日居家，可以穿着随便一些，但如有客人来访，应请客人稍坐，自己立即穿着整齐，如果只穿睡衣、睡裤来接待客人，那就显得失礼了。除此之外，在一些较为特殊的场合，还有一些专门的穿着要求。例如，在喜庆场合不宜穿得太素雅、古板；庄重的场合不能穿得太宽松、随便；悲伤场合不能穿得太鲜艳，等等。对于这些穿着要求，我们在下面还要做具体的介绍。

(二) 注意色彩

色彩，是服装留给人们最深的印象之一，而且在很大程度上也是服装穿着成败的关键所在。色彩对他人的刺激最快速、最强烈、最深刻，所以被称为"服装之第一可视物"。

一般来讲，不同色彩的服饰在不同的场合所产生的效果是不同的，为此，我们需要对色彩的象征性有一定的了解。

- 黑色象征神秘、悲哀、静寂、死亡，或者刚强、坚定、冷峻。
- 白色象征纯洁、明亮、朴素、神圣、高雅、恬淡，或者空虚、无望。
- 黄色象征炽热、光明、庄严、明丽、希望、高贵、权威。
- 大红象征活力、热烈、激情、奔放、喜庆、福禄、爱情、革命。
- 粉红象征柔和、温馨、温情。
- 紫色象征谦和、平静、沉稳、亲切。
- 绿色象征生命、新鲜、青春、新生、自然、朝气。
- 浅蓝象征纯洁、清爽、文静、梦幻。
- 深蓝象征自信、沉静、平静、深邃。
- 灰色是中间色，象征中立、和气、文雅。

人们在穿着服装时，在色彩的选择上既要考虑个性、爱好、季节，又要兼顾他人的观感和所处的场合。所以明代卫泳在《缘饰》中说：春服宜清，夏服宜爽，秋服宜雅，冬服宜艳；见客宜重装；远行宜淡服；花下宜素服；对雪宜丽服。古人对服饰的讲究的确值得我们借鉴。

对一般人而言，在服装的色彩上要想获得成功，最重要的是掌握色彩的特性，色彩的搭配以及正装色彩的选择。

1. 色彩的特性

(1) 色彩的冷暖。使人产生温暖、热烈、兴奋之感的色彩为暖色，如红色、黄色；使人有寒冷、抑制、平静之感的色彩叫冷色，如蓝色、黑色、绿色。

(2) 色彩的轻重。色彩明暗变化程度，被称为明度。不同明度的色彩往往给人以

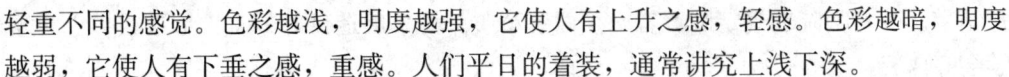

轻重不同的感觉。色彩越浅,明度越强,它使人有上升之感,轻感。色彩越暗,明度越弱,它使人有下垂之感,重感。人们平日的着装,通常讲究上浅下深。

(3) 色彩的缩扩。色彩的波长不同给人收缩或扩张的感觉有所不同。一般来讲,冷色、深色属收缩色,暖色、浅色则为扩张色。运用到服装上,前者使人苗条,后者使人丰满,二者皆可使人在形体方面避短扬长,运用不当则会在形体上出丑露怯。

2. 色彩的搭配

(1) 统一法。即配色时尽量采用同一色系之中各种明度不同的色彩,按照深浅不同的程度搭配,以便创造出和谐感。例如穿西服按照统一法可以选择这样搭配,如果采用灰色色系,可以由外向内逐渐变浅,深灰色西服——浅灰底花纹的领带——白色衬衫。这种方法适用于工作场合或庄重的社交场合的着装配色。

(2) 对比法。即在配色时运用冷色、深色,明暗两种特性相反的色彩进行组合的方法。它可以使着装在色彩上反差强烈,静中求动,突出个性。但有一点要注意,运用对比法时忌讳上下各占二分之一,这样给人以拦腰一刀的感觉,要找到黄金分割点即身高的三分之一点上(即穿衬衣从上往下第四、第五个扣子之间),这样才有美感。

(3) 呼应法。即在配色时,在某些相关部位刻意采用同一色彩,以便使其遥相呼应,产生美感。例如在社交场合穿西服的男士讲究"三一律"。所谓"三一律"就是男士在正式场合时应使公文包、腰带、皮鞋的色彩相同,此即呼应法的运用。

3. 正装色彩的选择

非正式场合所穿的便装,色彩上要求不高,往往可以听任自便,而正式场合穿的服装,其色彩却要多加注意。总体上要求正装色彩应当以少为宜,最好将其控制在三种色彩之内。这样有助于保持正装保守的总体风格,显得简洁、和谐。正装若超过三种色彩则给人以繁杂、低俗之感。正装色彩,一般应为单色、深色并且无图案。最标准的正装色彩是蓝色、灰色、棕色、黑色。衬衣的色彩最佳为白色,皮鞋、袜子、公文包的色彩宜为深色(黑色最为常见)。

此外肤色也关系到着装的色彩,浅黄色皮肤者,也就是我们所说的皮肤白净的人,对颜色的选择性不那么强,穿什么颜色的衣服都合适,尤其是穿不加配色的黑色衣裤,则会显得更加动人。暗黄或浅褐色皮肤,也就是皮肤较黑的人,要尽量避免穿深色服装,特别是深褐色、黑紫色的服装。一般来说,这类肤色的人选择红色、黄色的服装比较合适。肤色呈病黄或苍白的人,最好不要穿紫红色的服装,以免使其脸色呈现出黄绿色,加重病态感;皮肤黑中透红的人,则应避免穿红、浅绿等颜色的服装,而应穿浅黄、白等颜色的服装。

四、男士西装的选择与穿着

西装是男士最常见的办公服,也是现代交际中男士最得体的着装。国外很多机构,包括一些大企业,规定工作人员不能穿短裤、运动服上班,要求男士必须穿西服打领带。一些剧院也规定观看者必须西装革履。为了塑造良好的个人形象，男士必须学会穿西装。

（一）男士西装的选择

首先，要选择合适的款式。西装的款式可分为英国、美国、欧洲大陆三大流派。尽管西装在款式上有流派之分，但是各流派之间差异并不很大，只是在后开衩的部位、扣是单排还是双排、领子的宽窄等方面有所不同。不过，在胸围、腰围的胖瘦、肩的宽窄上还是有所变化的。因此，我们在选择西装时，要充分考虑自己的身高、体型，如身材较胖的人最好不要选择瘦型短西装；身高较矮者也最好不要穿上衣较长、肩较宽的双排扣西装。

其次，要选择合适的面料和颜色。西装的面料要挺括一些。作正式礼服用的西装可采用深色如黑色、深蓝、深灰等颜色的全毛面料制作。日常穿的西装颜色可以有所变化，面料也可以不必讲究，但必须熨烫挺括。如果穿着皱巴巴的西装，是会损害自己的交际形象的。

再次，要选择合适的衬衣。穿着西装时一定要穿带领的衬衣；花衬衣配单色的西装效果比较好，单色的衬衣配条纹或带格西装比较合适；方格衬衣不应配条纹西装，条纹衬衣也不要配方格西装。

最后，要选择合适的领带。在正式交际场合穿西装必须要打领带，领带的颜色、花纹和款式要与所穿的西装相协调。领带的面料以真丝为最优。在领带颜色的选择上，杂色西装应配单色领带，而单色西装则应配花纹领带；驼色西装应配金茶色领带，褐色西装则需配黑色领带等。

（二）男士西装的穿着

一是要穿好衬衣。穿西装必须要穿长袖衬衣，衬衣最好不要过旧，领头一定要硬扎、挺括，外露的部分一定要平整干净。衬衣下摆要掖在裤子里，领子不要翻在西装外，衬衣长于西装袖子。

二是要注意内衣不可过多。穿西装切忌穿过多内衣。衬衣内除了背心之外，最好不要再穿其他内衣，如果确实需要穿内衣，内衣的领圈和袖口也一定不要露出来。如果天气较冷，衬衣外面还可以穿上一件毛衣或毛背心，但毛衣一定要紧身，不要过于宽松，以免穿上显得过于臃肿，影响穿西装的效果。

三是要打好领带。在比较正式的社交场合，穿西装应系好领带。领带有简易打法和复杂打法之分。领带的长度要适当，以达到皮带扣处为宜。如果穿毛衣或毛背心，应将领带下部放在毛衣领口内。系领带时，衬衣的第一个纽扣要扣好，如果佩带领带夹，一般应在衬衣的第四、第五个纽扣之间。

四是要鞋袜整齐。穿西装一定要穿皮鞋，而不能穿布鞋或旅游鞋。皮鞋的颜色要与西装相配套。皮鞋还应擦亮，不要蒙满灰尘。穿皮鞋还要配上合适的袜子，袜子的颜色要比西装稍深一些，使它在皮鞋与西装之间显示一种过渡。

五是要扣好扣子。西装上衣可以敞开穿，但双排扣西装上衣一般不要敞开穿。在扣西装扣子时，如果穿的是两个扣子的西装，不要把两个扣子都扣上，一般只扣一个。如果是三个扣子只扣中间一个。西装裤兜内不宜放大而沉的东西。

五、女士服装的穿着

女士服装应讲究配套，款式较简洁，色彩较单纯，以充分表现女士的精明干练，落落大方。

（一）女士西装

女士西装式样较多，领型有西装"V"字领、青果领、披肩领等；款式有单排扣、双排扣；衣长也有变化，或短至齐腰处，或长至大腿；造型上有宽松的、束腰的，还可有各种图案的镶拼组合。女士西装有衣裤相配的套装，也有衣裙相配的套裙。在社交场合无论西服套装或西服套裙款式都宜简洁大方，避免过分的花哨和夸张。

女士西服套装给人以精明干练，富有权威的感觉，显得比较严肃，更适合成熟的女士或职位较高的女领导工作时穿用。西服套装已成为社交中女士普遍适用的服装。

西服套裙的上装是西装，下装是腰裙，如西装裙、喇叭裙、百褶裙等。交际中西服套裙的面料应是高档面料，如夏季用丝绸，华贵柔美；春秋用各类毛料，考究挺括；冬季用羊绒或毛呢织物，高贵典雅。西服套裙的色彩应呈中性，也可偏暗，一色的面料适宜，各种条子、格子、点子面料也常用。西服套裙上下一色显得端庄，有成熟感；色彩上浅下深或上深下浅，式样上简下繁或上繁下简，花色或上轻下杂或上杂下轻，可以搭配出动感和活力，适合女士在不同场合穿出不同的风貌。

（二）女士连衣裙

连衣裙是上衣和裙子的结合体，它不但能尽显女士特有的恬静和妩媚，而且穿着便捷、舒适。连衣裙也可与西装外套等组合搭配，提高服装的使用率。连衣裙的造型丰富多彩，有前开襟、后开襟、全开襟和半开襟的；有紧身的、宽松的、喇叭形的、三角形的、倒三角形的；有无领的、有领的；有方领的、尖领的、圆领的；有超短的、过膝的、拖地的，等等，它们为各种身材的女士在不同场合提供了大量的选择。

穿着连衣裙时应以个人爱好、流行时尚而定，但交际场合时连衣裙还应以大方典雅为宜。单色连衣裙在大多数场合效果都很好，点、条、格等面料的连衣裙图案也要力求简洁。穿连衣裙要注意避免：一是受时髦潮流的影响，太流行或趋于怪异，变得俗不可耐或荒诞不经。二是不顾及环境，穿着过低的领口、过紧的衣裙、过透的面料，使人感到极不雅观。正所谓"酌奇而不失其真，玩华而不坠其实。"

（三）女士旗袍

旗袍被公认是最能体现女性曲线美的一种服装。我国是有着三百年旗袍历史的国度，近年来旗袍带着一股从未有过的震撼力在影响着世界各地女性的穿着，它像一种特殊的世界语，迅速被各种族的人们接受，打破了只有东方女性才适合穿着的传统论断，因而旗袍也可作为社交礼服。旗袍作为礼服，一般采用紧扣的高领、贴身、衣长过膝、两旁开衩、斜式开襟、袖口至手腕上方或肘关节上端的款式，面料以高级呢绒绸缎为主，配以高跟鞋或半高跟鞋。

（四）职业女性的着装风格

1. 庄重大方型

庄重大方型着装适合从事教育、文化、咨询、信息和医疗卫生等工作的职业女性。职业女性的着装外形正变得飘逸柔软，渐渐走出"女强人"的模式。衬衫款式以简单为宜，与套装配衬，可以选择白色、淡粉色、格子、线条等变化款式的衬衫。着装整体色彩上，可以考虑灰色、深蓝、黑色、米色等较沉稳的色系，给人留下干练，充满朝气、亲和力与感染力的印象。此外，也可选择白色。考虑到职业女性一天近8小时面对公众，必须始终保持衣服形态整洁的缘故，应当尽量选用那些经过处理、不易起皱的混纺面料。

2. 成熟含蓄型

成熟含蓄型着装适合从事保险、证券、律师、公司主管、公共事业和政府机关公务员等工作的职业女性。许多职业女性着装的原则是专业形象第一，女性气质其次，在专业及女性两种角色里取得平衡。不同质地和剪裁的西服西裤，能穿出不同的感觉。总的来说，西服和西裤的搭配，显得成熟稳重，帅气潇洒，自由豪迈。连衣裙适合身材窈窕的女性。常见的连衣裙款式类似套裙，长度或长或短，没有太多的限制。露肩的黑色连衣裙，长度及踝，流畅而华丽的线条，令身体的美无言地展示。神秘的黑色适合成熟含蓄的女性。这样的服装可以出现的场合比较多。优雅利落的套装，给人的印象是井然有序。至于颜色，当然还是以白、黑、褐、海蓝、灰色等基本色为主。若嫌色彩过于单调，不妨扎条领巾；或在套装内穿件亮眼质轻的上衣。

3. 素雅端庄型

素雅端庄型着装适合从事科研、银行、商业、贸易、医药和房地产等工作的职业女性。职业女性的穿着除了因地制宜、符合身份、清洁、舒适外，还须记住以不影响工作效率为原则，才能适当地展现女性的气质与风度。例如女性的衣着如太暴露，容易让男同事不知所措，自己则要时常瞻前顾后，会影响自己的工作效率。因此，职业女性的上班服应注重配合流行但不损及专业形象。原则是"在流行中略带保守"，是保守中的流行。太薄或太轻的衣料，会有不踏实、不庄重之感。衣服样式宜素雅，花

色衣服则应挑选规则的图案或花纹，如格子、条纹、人字形纹等。

4. 简约休闲型

简约休闲型着装适合从事新闻、广告、平面设计、动画制作和形象造型等工作的职业女性。这类职业女性的着装是简单中的优雅，舒适中的休闲，但简单的服饰可造就不简单的风格。比如白色或者深蓝色细格的棉质修身衬衫，内衬白色吊带背心，简约而不失女性特色。

5. 清纯秀丽型

清纯秀丽型着装适合从事网络、计算机、公关、记者、娱乐等工作的职业女性。虽然办公室里不需要风情万种，但女人聪明的天性以及对美丽的极度敏感，使她们能够轻而易举地将流行元素融进枯燥沉闷的上班服饰中。时尚无须复杂，一双华丽斑斓的凉鞋、一只绣有花朵的挎包，都可成为将职业装穿出流行感觉的点睛之笔，职业形象也能带出甜蜜的感觉。

六、服装的饰物佩戴

饰物的佩戴要注意与个人的风格、服装的质地与整体形象等相一致。

（一）帽子与围巾

帽子可以遮阳，可以御寒，同时也可给人的仪表增添各种不同的情趣美。帽子种类有许多，法式帽、西班牙式帽、宽檐帽、鸭舌帽、滑雪帽、水手帽、棒球帽等，帽子要注意与发型、脸型及服装的式样、颜色相配，还要注意与围巾相呼应。例如简单优雅、线条流畅的圆形绲边帽下散落一头长发，最能表现出不造作的个性；而棕色的豹纹丝绒圆帽及围巾，既流行又不失沉稳，酷劲十足。单单一条围巾也可为服装增添色彩，如一条丝巾的随意变化，或围在肩上，或挂在脖子上下垂，或在头上改变发型，都会起到意想不到的效果。冬季的一条长围巾披在一边的肩膀上，也会有意想不到的美感。

（二）眼镜

眼镜不仅是实用的日常用品，也可以看成是"眼睛的服饰"，眼镜的选择要适合人的脸型。正方形脸可选用稍圆或有弧度的镜片，这样可与方脸型互补，镜框顶端的位置必须凸起，远远高于下巴；长方形脸由于脸型过长，镜框必须尽可能遮住脸部中央以修短脸型，因此适合佩带镜框较大的眼镜；圆形脸为减弱圆形的感觉，可选择有直线或有角度的镜框，黑色、咖啡色等较深色系也有改变脸型的效果；三角形脸由于前额宽、脸颊较尖，选择有细边和垂直线的镜框以平衡脸的下方，镜框不宜太高，过粗的鼻桥及深色、方形眼镜皆不合适。此外，鼻型也是考虑因素之一：较大鼻子要选择较大镜框来平衡；较小鼻子要戴浅色和较高鼻梁的眼镜，可使鼻子看起来较长。

（三）包

无论是男士的公文包还是女士的坤包都应与所穿服装相协调，要保持包的清洁和美观。如果包中没有分隔夹层，可用几个小袋子将皮包分类。如女士的皮包中可放一些化妆品、钱、钥匙、纸巾、笔等用品，可将其分类装入不同的小袋，以免找东西乱翻一通或需把东西全倒出来才能找到，这样既破坏美感又浪费时间。正式社交场合，皮包最好拿在手上，而不是背在肩上。公文包的选择有许多特定的讲究。面料应以真皮为宜，并以牛皮、羊皮制品为最佳。色彩以深色、单色为好。在常规情况下，黑色、棕色的公文包，是最正统的选择。男士所用的公文包在外表上不宜再带有任何图案、文字，否则是有失身份的。最标准的公文包是手提式的长方形公文包。

（四）鞋

社交中男士的鞋一般都是皮鞋，穿民族服装和中山装时也可以穿布鞋。男士的皮鞋以黑色最为通用，样子以保守一点为宜。女士的皮鞋一般为敞口鞋或冬季的短靴，布鞋、凉鞋或长筒马靴一般不适用于正式社交场合及办公场所。女士鞋的颜色也以黑色为通用，也可与服装颜色协调一致。皮鞋要求线条简洁，无过多的装饰物。女士穿高跟鞋的高度一般以3～4厘米为宜，最高不超过6厘米。此外，高跟鞋的鞋跟不可太细，以免发生危险。

（五）袜

社交中，男士的袜子应是深色的，最好是服装与鞋的过渡色。有的人在穿西装时穿白袜子，破坏了整体的稳重感，把人的视线吸引到了脚上，一双袜子破坏了精心设计的整体美。女士穿西服套装时的袜子也是同样的道理。穿裙子时最好穿连裤长袜。它比较适合各种款式的裙子，尤其是在穿一步裙、中间或两旁开衩的裙子时，以免穿半截袜露出大腿，显得不雅。即使穿长筒袜，也要用吊袜带，以免袜子松松垮垮或滑下。长袜以肉色系列最为通用。尽量穿有透明感的长袜，除非冬季穿很厚的衣裙、大衣时才可以厚实一点。

（六）首饰

对于服饰而言，首饰起着辅助、烘托、陪衬、美化的作用。从审美的角度来看，它与服装、化妆，一道被列为人们用以装饰、美化自身的三大方法之一。较之于服装，它常常发挥画龙点睛的作用。

在使用首饰时宁肯不用也不要乱用，所以使用首饰要注意讲究规则：在数量上以少为佳，下限是零，上限是三，必要时可以一件首饰也不戴，若有意同时戴多种时，在数量上不要超过三种，除耳环、手镯外，同类首饰不要超过一件，否则会给人凌乱之感，因此首饰要力求简单。例如著名外交官顾维均的夫人在其回忆录《没有不散的筵席》一书中谈到在美国进行公关的宋美龄时写道：她经常穿一件长长的中式旗袍。假如她有珠宝首饰，她却很精明从来不戴。所见到她戴的，至多是枚不起眼的普通别针或一只戒指；罗斯福总统执政期间——我们那时不在美国——蒋夫人颇受青睐。

在色彩上要力求同色，若同时佩带两件或两件以上的首饰时，应使其色彩一致，戴镶嵌首饰时应使其与主色调保持一致。千万不要使所戴的几种首饰色彩斑斓，同时还要注意首饰的色彩与服装的色彩协调。

在身份上要服从本人的身份，与自己的性别、年龄、职业、工作环境保持大体一致，而不宜使之相去甚远。如有的行业不让戴首饰，像医务工作者、宾馆服务员、厨师，这是由行业特点决定的，从业人员应无条件地遵守。

在体型上要使首饰为自己的体型扬长避短。选择首饰时应充分正视自己的形体特点。如脖子长的人适合戴短、粗的项链，脖子短的人适合戴细、长的项链。手掌大、手指粗的人不宜戴过大或过小的戒指，而手指短粗的人适合戴线条流畅的戒指，应避免戴方戒指或大嵌宝戒。手掌与手指偏小的人不适合戴大戒指，而适合戴小巧玲珑的小型戒指或小钻戒，可令手指秀丽可爱。戒指戴在不同的手指上有不同的寓意，戴在食指上表示自己还没有男朋友，戴在中指上表示自己还在热恋，戴在无名指上表示已婚，戴在小指上表示主观上自愿独身。

项链的粗细应与脖子的粗细成正比，与脖子的长短成反比。从长度上分，项链可分为四种：短项链约40厘米，适合搭配低领上衣；中长项链约50厘米，可广泛使用；长项链约60厘米，适合在社交场合使用；特长项链约70厘米，适合用于隆重的社交场合。

耳环可分为耳钉、耳坠、耳链，在一般情况下为女性所用，并且讲究成对使用。戴耳环时应兼顾脸型，不要选择与脸型相似的形状，以防同型相斥，使脸型方面的短处被强调夸大。

胸针要注意别的部位，穿西服应别在左侧领上，穿无领上衣时应别在左侧胸前。发型偏左时胸针应当居右，发型偏右时胸针应当偏左，其高度应从上往下数第一个、第二个纽扣之间。

关于服饰，我们已经讲了许多，这里还要提醒一点：无论对男士还是女士来讲，似乎"深蓝色西服+白衬衫"的服装搭配是放之四海而皆准的、走遍全世界不出错的商业标准装，这是为什么呢？这里有个小故事。在20世纪60年代，有一个专门负责替法院挑选陪审团的美国专家米尔斯·福斯特曾做一个调查，他发现陪审团成员倾向于相信那些着装得体，看上去有教养、有权威的，可以引起人们信任的人。即使是恶魔般的被告，如果能精心展示给陪审团成员一个可信、可敬的形象，他甚至可能被判得轻一些。当然这只是一种假说。但律师们仍不仅自己努力利用穿着以赢得法官和陪审团的信任，也劝被告辩护人的律师和证人以可信的形象出庭。福斯特的调查发现，深蓝色西服配以白衬衣，是被认为最可信的搭配。时至今日，蓝、白色仍是企业和公司制服的首选颜色。

 案例讨论

郑小姐不恰当的着装

郑小姐在一家国内的公司工作。有一回，上级派她代表公司前往南方某城市，去参加一个大型的外贸商品洽谈会。为了给外商留下良好印象，郑小姐专门购置了一件粉色的上衣和一条蓝色的裙裤，并高价购置了一套化妆品，精心化了个晚宴妆。洽谈会现场，她就以这身装束出现，但拎了个日常上班用的绒布包。然而，正是她新置的这身装束，使不少外商对她敬而远之，甚至连跟她正面接触一下都很不情愿。郑小姐很疑惑，自己为了洽谈会这么精心地准备，为什么最后大家对她的态度这么奇怪？

思考：郑小姐在着装中犯了哪些错误？应如何进行调整？

单元练习

1. 判断正误。
(1) 事实上，修饰与维护，对于仪容的优劣而言往往起着一定的作用。
(2) 女士出席宴会、舞会的场合，妆可以化得浓一些。
(3) 身材较小者适宜留短发或盘发。
(4) 穿西装时一定要加穿背心。
(5) 女士不能采用跷"二郎腿"的姿势就座。
(6) 穿着要与年龄、职业、场合等相协调。
(7) 穿冷色、深色服装使人感觉更苗条，这是因为冷色、深色属于收缩色。
(8) 穿两个扣子的西装，一般只扣下面一个扣子。
(9) "OK"手势在法国表示正确。

2. 简答题。
(1) 应从哪些方面训练自己的仪态，使自己符合礼仪规范要求？
(2) 如何保持整洁的仪容？
(3) 日常生活中违反服装礼仪规范的常见现象有哪些？
(4) 男士如何选择适合自己的西装，穿西装有哪些要求？
(5) 为什么在人际交往中需要多一点微笑？怎样才能做到恰到好处的微笑？

3. 请检查自己的站姿、坐姿和行姿，找出自己的毛病并加以纠正。
(1) 站姿训练：
①个人靠墙站立，要求后脚跟、小腿、臀、双肩、后脑勺都紧贴墙，每次训练20分钟左右，每天一次。
②在头顶放一本书使其保持水平促使人把颈部挺直，下巴向内收，上身挺直，每

天训练 20 分钟左右，每天一次。

（2）坐姿训练：按坐姿基本要领，着重脚、腿、腹、胸、头、手部位的训练，可以配舒缓、优美的音乐，以减轻疲劳，每次训练 20 分钟左右，每天训练。

（3）走姿训练：在地面上画一条直线，行走时双脚内侧踩在绳或线上。若稍稍碰到这条线，即证明走路时两只脚几乎是在一条直线上。训练时配上音乐，音乐节奏为每分钟 60 拍。

（4）目光训练：

①点上一支蜡烛，视点集中在蜡烛火苗上，并随其摆动，坚持训练可使目光集中、有神，眼球转动灵活。

②目光追逐鸽子飞翔可使眼睛有神。

（5）微笑训练：

①情绪记忆法，即将自己生活中，最高兴的事件中的情绪储存在记忆中，当需要微笑时，可以想起那件最使你兴奋的事件，脸上就会流露出笑容。注意练微笑时，要使双颊肌肉用力向上抬，嘴里念"一"音，用力抬高口角两端，注意下唇不要过分用力。

②对着镜子，做最使自己满意的表情，到离开镜子时也不要改变它。

③当一个人独处时，深呼吸、唱歌或听愉快的歌曲，忘掉自我和一切的烦恼，让内心充满愉悦的体验。

4. 案例分析。

案例一 风景秀丽的某海滨城市的朝阳大街，高耸着一座宏伟楼房，楼顶上"××贸易公司"六个大字格外醒目。某照明器材厂的业务员金先生按原计划，手拿企业新设计的照明器材样品，兴冲冲地登上六楼，脸上的汗珠未及擦一个，便直接走进了业务部张经理的办公室，正在处理业务的张经理被吓了一跳。"对不起，这是我们企业设计的新产品，请您过目。"金先生说。张经理停下手中的工作，接过金先生递过的照明器，随口赞道："好漂亮啊！"并请金先生坐下，倒上一杯茶递给他，然后拿起照明器仔细研究起来。金先生看到张经理对新产品如此感兴趣，如释重负，便往沙发上一靠，跷起二郎腿，一边吸烟一边悠闲地环视着张经理的办公室。当张经理问他电源开关为什么装在这个位置时，金先生习惯性地用手搔了搔头皮。好多年了，别人一问他问题，他就会不自觉地用手去搔头皮。虽然金先生作了较详尽的解释，张经理还是有点半信半疑。谈到价格时，张经理强调："这个价格比我们预算高出较多，能否再降低一些？"金先生回答："我们经理说了，这是最低价格，一分也不能降了。"张经理沉默了半天没有开口。金先生却有点沉不住气，不由自主地拉松领带，眼睛盯着张经理，张经理皱了皱眉，"这种照明器的性能先进在什么地方？"金先生又搔了搔头皮，反反复复地说："造型新、寿命长、节电。"张经理托词离开了办公室，只剩下金先生一个人。金先生等了一会儿，感到无聊，便非常随便地拿起办公桌上的电话，同一个朋友闲谈起来。这时，门被推开，进来的却不是张经理，而是办公室秘书。

(1) 请指出金先生的失礼之处。

案例二　吴某是文秘专业高才生，毕业后在一家公司做文员。为适应工作需要，上班时，她毅然放弃了"清纯少女妆"，化起了整洁、漂亮、端庄的"白领丽人妆"：不脱色粉底液，修饰自然、稍带棱角的眉毛，与服装色系搭配的灰度高偏浅色的眼影，紧贴上睫毛根部描画的灰棕色眼线，黑色自然型睫毛，再加上自然的唇形和略红的唇色，虽化了妆，却好似没有化妆，清爽自然，尽显自信、成熟、干练的气质。但在公休日，她又给自己来了一个大变脸，化起了"清纯少女妆"：粉蓝、粉绿、粉红、粉黄、粉白等颜色的眼影，彩色系列的睫毛膏和眼线，粉红或粉橘的腮红，自然系的唇彩或唇油，看上去娇嫩欲滴，鲜亮明媚。

心情好，自然工作效率就高。一年来，吴某以自己得体的外在形象、勤奋的工作态度和骄人的业绩，赢得了公司同仁的好评。

(2) 你如何评价吴某的两种妆容？对"化妆不只是技术，还是一门艺术、一种生活"这句话你是如何理解的？

案例三　阿美和阿娟是一所美容学校的学生，初学化妆，非常感兴趣，走在大街上，总爱观察别人的妆容，因此发现了一道道奇特风景线：

一位中年妇女没有做其他化妆，光涂了嘴唇，而且是那种很红很艳的唇膏，只突出了一张嘴。一位女士的妆容看起来真的很漂亮，只可惜脸上精彩纷呈，脖子却粗糙马虎，粉底在脸庞轮廓上有明显的分界线，像戴了面具一样。再看，还有的女士用粗的黑色眼线将眼睛包围起来，像个"大括号"，看上去那么的生硬、不自然。一位很漂亮的女士，身穿蓝色调的时装，却涂着橘红色的唇膏……

(3) 针对以上几种情形，请帮助阿美和阿娟总结化妆时应注意的问题。

案例四　表演家艺术程某在香港遭遇了着装带给他的窘境。当时，正在香港的某影星获悉程某也到了香港，邀请他出席胞兄的画展，并嘱咐他一定去帮忙"捧场"。程某到展厅的时间不早不晚，展厅里的人熙熙攘攘。

他回想起当时的情景："我身边的几位老总穿得都很到位：精制西装，风度翩翩，头发抹得光亮整齐，整齐得能看出梳子在头发上划过的一绺绺痕迹。那位明星一头短发，上衣的两个大尖领，像两把刀一样锋利地伸向两肩，腴白的脖子上是金光闪闪的小珠子项链。还有人身穿明艳的晚礼服，黑色套头衫，显得那么帅气，那么干练。我呢，尽管西服料子不错，也合体，只是在香港穿了一个星期没离身，裤线早没了，上衣的兜盖不知怎么的反了向了，兜口老是张着，领带呢，恰巧又忘了戴。"

他说最让他发怵的是头和脚。头发乱，因为他从来不抹油，习惯于早上起床后用梳子随便扒两下就算完事。"当时，头发都各自为阵地在头上横躺竖卧，尤其是脑后'旋儿'旁边的那一绺，高高地矗着，不照镜子都能'心知肚明'。脚下一双皮鞋更显得寒酸，因为我穿着它已经走了整整一个星期。不亮不说，整个都走了形，像两个大鲶鱼头套在脚上。"

程某说他感到不自在，一种被环境隔离开来的不自在。更不自在的是很多人都认识他，这个握手，那个交谈，问这问那，他则答非所问，因为脑子里老想着头上"旋儿"边的那一绺站立着的头发……

(4) 程某在画展上为什么会有"一种被环境隔离开来的不自在"的感觉？

案例五 飞机起飞前，一位乘客请空姐给他倒一杯水吃药，空姐很有礼貌地说："先生，为了您的安全，请稍等片刻，等飞机进入平衡飞行后，我会立刻把水给您送过来，好吗？"

15分钟后，飞机早已进入平衡飞行状态。突然，乘客服务铃急促地响了起来，空姐猛然意识到：糟了，由于太忙，她忘记给那位乘客倒水了。她来到客舱，看见按响服务铃的果然是刚才那位乘客。她小心翼翼地把水送到那位乘客眼前，微笑着说："先生，实在对不起，由于我的疏忽，延误了您吃药的时间，我感到非常抱歉。"这位乘客抬起左手，指着手表说道："怎么回事，有你这样服务的吗？你看看，都过了多久了？"空姐手里端着水，心里感到很委屈，但是，无论她怎么解释，这位挑剔的乘客都不肯原谅她的疏忽。

接下来的飞行途中，为了弥补自己的过失，每次去客舱给乘客服务时，空姐都会特意走到那位乘客面前，面带微笑地询问他是否需要水，或者别的什么帮助，然而，那位乘客余怒未消，摆出不合作的样子，并不理会空姐。

临到目的地前，那位乘客要求空姐把留言本给他送过去，很显然，他要投诉这名空姐，此时空姐心里很委屈，但是仍然不失职业素养，显得非常有礼貌，而且面带微笑地说道："先生，请允许我再次向您表示真诚的歉意，无论您提出什么意见，我都会欣然接受您的批评！"那位乘客脸色一紧，嘴巴准备说什么，可是没有开口，他接过留言本，开始在本子上写了起来。

等到飞机安全降落，所有的乘客陆续离开后，空姐打开留言本，却惊奇地发现，那位乘客在本子上写下的并不是投诉信，相反，却是一封热情洋溢的表扬信。

是什么使得这位挑剔的乘客最终放弃了投诉呢？在信中，空姐读到这样一句话："在整个过程中，你表现出的真诚的歉意，特别是你的十二次微笑深深打动了我，使我最终决定把投诉信写成表扬信！你的服务质量很高，下次如果有机会，我还将乘坐你们的这趟航班。"

(5) 结合案例五分析，微笑有何作用？微笑时应注意什么？

第三单元　日常交往礼仪

学习目标

知识目标：了解并掌握在日常交往中称呼、会面、介绍、拜访和接待、接打电话的礼仪知识。

素质目标：日常交往中，养成良好的习惯，做一个有教养、有水平、有知识、有礼貌、"知书达理"、受欢迎的人。

能力目标：在理论上懂得应该怎样做；在实践中与他人日常交往时，善于处理人际关系，做得恰到好处，成为一个"人见人爱"的人。

技能目标：应用所学知识，学会推销自己、展示自己。

基本概念

称呼　职务性称呼　职称性称呼　日常会面礼节

 单元导读

礼仪是人们日常行为习惯的准则。古语云：没有规矩不能成方圆，凡事不能乱了规矩。在日常生活中，礼仪就是我们为人处事的准则，是我们要遵循的规矩。

课题一　称呼礼仪

称呼指的是人们在日常交往应酬之中，所采用的彼此之间的称谓语。在人际交往中，选择正确、适当的称呼，反映着自身的教养、对对方尊敬的程度，甚至还体现着双方关系发展所达到的程度和社会风尚，因此不能随便乱用称呼。

一、生活中的称呼

在日常生活中，称呼应当亲切、自然、准确、合理。

（一）对亲属的称呼

1. 对父系长辈的称呼

对　象	称　呼	自　称
父亲的祖父	曾祖父（老爷爷）	曾孙、曾孙女
父亲的祖母	曾祖母（老奶奶）	曾孙、曾孙女
父亲的父亲	祖父（爷爷）	孙、孙女
父亲的母亲	祖母（奶奶）	孙、孙女
父亲的哥哥	伯父（伯伯、大爷）	侄、侄女
父亲的嫂嫂	伯母（大娘）	侄、侄女
父亲的弟弟	叔父（叔叔）	侄、侄女
父亲的弟媳	叔母（婶婶）	侄、侄女
父亲的姐夫、妹夫	姑父（姑丈）	内侄、内侄女
父亲的姐妹	姑母（姑姑、娘娘）	内侄、内侄女

2. 对母系长辈的称呼

对象	称呼	自称
母亲的父亲	外祖父（外公、姥爷）	外孙、外孙女
母亲的母亲	外祖母（外婆、姥姥）	外孙、外孙女
母亲的兄弟	舅父（舅舅）	甥、甥女
母亲的嫂嫂、弟媳	舅母	甥、甥女
母亲的姐夫、妹夫	姨父	甥、甥女
母亲的姐、妹	姨母（姨妈）	甥、甥女

3. 对家庭中平辈的称呼

对象	称呼	自称
兄长	哥哥（兄）	弟、妹
嫂子	嫂嫂（嫂）	弟、妹
弟弟	弟弟（弟）	兄、哥、姐
姐姐	姐姐	弟、妹
姐夫	姐夫	内弟、内妹
妹妹	妹妹	兄、哥、姐
伯、叔的儿子	堂兄或堂弟	堂弟、堂兄、堂姐、堂妹
伯、叔的女儿	堂姐或堂妹	堂弟、堂兄、堂姐、堂妹
姑、舅、姨的儿子	表兄或表弟	表弟、表兄、表姐、表妹
姑、舅、姨的女儿	表姐或表妹	表弟、表兄、表姐、表妹

（二）对邻居的称呼

如果邻居不是自己的同事、亲属或好朋友，一般情况下，为了显得亲近、友好，可以根据对方年龄与自己年龄的差别用对亲属的称谓来称呼，比如"大爷""大娘""大妈""大嫂""叔叔""阿姨"等称呼。也可以在这些称呼前加上姓氏，如"李阿姨""张奶奶"等。

（三）对朋友、熟人的称呼

对朋友、熟人的称呼，既要亲切、友好，又要不失敬意。

1. 敬称

对任何朋友、熟人，当面都可以用人称代词"你""您"相称。对长辈、平辈，可称其为"您"，以"您"称呼他人，是为了表示自己的恭敬之意；对晚辈则可称

"你"。

对于有身份、年纪大的男士，可以用"先生"相称。其前还可以冠以姓氏，如"张先生""王先生"等，过去也有对女士称呼"先生"的。

对德高望重的年长者、资深者，可在他的姓氏之后加上"公"或"老"，如"周公""吴老"等。

2. 姓名的称呼

对平辈的朋友、熟人，均可用姓名相称，例如"李娟""张喜"等。长辈对晚辈也可以这么做，但晚辈对长辈在我国是绝不允许直呼其名的。

对同性别的朋友、熟人，若关系极为亲密，可以不称其姓，而可以直呼其名；对于异性，则一般不可这样称呼，只有他（她）的家人、恋人或配偶才可以直呼其名，年龄大的家人、恋人或配偶还可以称呼他（她）名字的最后一个字。

3. 对一般人的称呼

对于关系一般的人、一面之交的人或陌生人，一般称呼为"先生""小姐""女士""小伙子""姑娘"，或称他（她）的职务、职称。

二、工作中的称呼

在工作岗位上，人们彼此之间的称呼是有其特殊性的，要庄重、正式、规范。

（1）职务性称呼：以交往对象的职务相称，以示身份有别、敬意有加，这是一种最常见的称呼。职务性称呼有三种情况：仅称职务，在职务前加上姓氏，在职务前加上姓名（适用于极其正式的场合）。

（2）职称性称呼：对于具有职称者，尤其是具有高级、中级职称者，在工作中直接以其职称相称。称职称时可以只称职称，在职称前加上姓氏，在职称前加上姓名（适用于十分正式的场合）。

（3）行业性称呼：在工作中，有时可按行业进行称呼。

对于从事某些特定行业的人，可直接称呼对方的职业，如老师、医生、会计、律师等，也可以在职业前加上姓氏、姓名。

（4）性别性称呼：对于从事商界、服务性行业的人，一般约定俗成地按性别的不同分别称呼"小姐""女士"或"先生"，"小姐"是称未婚女性，"女士"是称已婚女性。

（5）姓名性称呼：在工作岗位上称呼姓名，一般限于同事、熟人之间。有三种情况：可以只呼其姓，要在姓前加上"老""小""大"等前缀；只称其名，不呼其姓，通常限于同性之间，尤其是上司称呼下级。

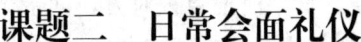

课题二　日常会面礼仪

所谓日常会面礼，是指在日常生活、工作中，相识者或不相识者之间在会面时，或者在其他适当的时间，都需要向对方行礼，来表示自己对对方的友好、敬意、尊重、关心等。

在不同的国家、民族、地区和不同的历史时期、文化背景下，人们所用的日常会面礼节，也各不相同。

一、握手礼

握手作为当代世界最为普遍的一种表达见面、告别、祝贺、安慰、鼓励等感情的礼节，始于原始社会的伸手礼。原始时代人们不仅在狩猎或战争中，而且在日常交往时，手上常常带有石块等"武器"，以防不测。若与陌生人相遇要表达自己的友好，则将双手伸开并高举，这就是最原始的见面礼，可以看作是握手礼节的最早开端。经过不断的演进，握手成为人们进行社交的一种风尚，首先通行于欧美，辛亥革命后，我国亦习以为礼。握手所传递的信息内容非常丰富，在公共关系、社交活动中有着不可替代的作用。

（一）握手的场合

（1）遇到较长时间没见面的熟人。
（2）在比较正式的场合和认识的人道别。
（3）在以本人作为东道主的社交场合，迎接或送别来访者时。
（4）拜访他人后，在辞行的时候。
（5）被介绍给不认识的人时。
（6）在社交场合，偶然遇上亲朋故旧或上司的时候。
（7）别人给予你一定的支持、鼓励或帮助时。
（8）表示感谢、恭喜、祝贺时。
（9）对别人表示理解、支持、肯定时。
（10）得知别人患病、失恋、失业、降职或遭受其他挫折时。
（11）向别人赠送礼品或颁发奖品时。

通常，上述所列举的情况下都是适合握手的场合。

（二）握手的方式

握手是友好的一种表示，但握手的力度、姿势与时间的长短往往能表达握手人对对方的不同礼遇与态度，给人留下不同的印象。美国著名作家海伦·凯勒曾写道：

"我接触过的手,虽然无言,却极有表现力。有的人握手能拒人以千里之外,也有些人的手充满阳光。"总体来说,握手时要目视对方,面带微笑,稍事寒暄,稍许用力。具体来说,要实施好握手礼节,应注意以下问题:

1. 神态

与他人握手时,神态应当专注、热情、友好、自然。通常情况下,在握手的同时,还应面带微笑,目视对方双眼,并且口头问候。

2. 姿势

向他人行握手礼时,只要有可能,就应起身站立。握手的标准姿势是行礼时走至距握手对象约 1 米处,双腿立正,上身略向前倾,伸出右手,四指并拢,拇指张开与对方相握,上下稍许晃动三四次,随后松开手来,恢复原状。

握手的姿势

3. 方式

在握手时,方式至关重要。具体而言,有两种不同的方式。

（1）单手相握。以右手单手与人相握是最常见的握手方式。手掌垂直于地面最为适当，即"平等式握手"，表示自己不卑不亢。与人握手时掌心向下，则表示自己感觉甚佳，自高自大，这一方式称作"控制式握手"。与人握手时掌心向上，表示自己谦恭、谨慎，这一方式称作"友善式握手"。

（2）双手相握，亦称"手套式握手"。即用右手握住对方右手后，再以左手握住对方右手的手背，这种方式，适用于亲朋旧故之间，可用以表达自己对对方的深厚情谊。一般而言，此种方式的握手不适用于初识者与异性，因为有可能被理解为讨好或失态。

4. 力度

握手时，为了向交际对象表示热情、友好，应当稍许用力。与亲朋故旧握手时，所用的力量可以稍大一些；而在与异性以及初次相识者握手时，则千万不可用力过猛。

5. 时间

与他人握手的时间不宜过短或过长，大体来讲，握手的全部时间一般应控制在2~3秒钟。

（三）握手的顺序

在一般情况下，由年长的先向年轻的伸手，身份地位高的先向身份地位低的伸手，女士先向男士伸手，老师先向学生伸手，体现的是"尊者为先"的伦理标准。在社交场合，不应先伸手的就不要先伸手，见面时可先行问候致意，待对方伸手后再与之相握，否则是不礼貌的行为。当然在特定情况下，握手的次序会有所变化：

（1）如果两对夫妻见面，先是女士互相致意，然后男士分别向对方的妻子致意，最后才是男士互相致意。

（2）拜访时，一般是主人先伸手，表示欢迎；告别时，则应由客人先伸手，以表示感谢，并请主人留步。应该注意的是，在人际交往中无论谁先向我们伸手，即使他忽视了握手礼的先后顺序而已经伸出了手，都应看作是友好、问候的表示，应马上伸手回应，拒绝他人的握手是很不礼貌的。

（四）握手的禁忌

在公共关系交往中，行握手礼时应努力做到合乎规范，并且避免违犯下述失礼的禁忌，否则不但起不到良好开端的作用，还会导致别人的误解、猜疑和反感，从而不利于交往的顺利进行。握手的禁忌主要有如下几点：

（1）握手时不能用左手，用左手握手是失礼行为。尤其是在与阿拉伯人、印度人打交道时要牢记此点，因为在他们看来左手是不干净的。

（2）多人相见时，注意不要交叉握手，即当两人正在握手时，第三者不要把胳膊从上面架过去急着和另外的人握手。

（3）不能戴着手套与人握手，否则是十分失礼的表现，如因故来不及脱下手套就握手，则必须向对方说明原因并表示歉意。但是依据西方传统，地位高的人和女士有戴着手套与人握手的权利。

（4）握手时眼睛要注视着对方，千万不要心不在焉、东张西望，这会使对方产生不被尊重的感觉。

（5）切忌时间过长，特别是男士与女士握手，停留时间的长短更应注意。

（6）当别人已伸出手来，切忌慢条斯理或迟迟不伸出手，令对方尴尬，尤其是女士不要软绵绵地把手递过去，做出一副冷冰冰的样子。

（7）不要在握手时仅仅握住对方的手指尖，好像有意与对方保持距离。正确的做法是握住整个手掌。即使对异性，也要这么做。

（8）在与人握手之后，不能立即揩拭自己的手掌，这等于暗示你嫌对方的手脏，与对方握一下手就会使自己受到"污染"似的。

二、其他的日常会面礼节

（一）点头致意礼

在社交场合远距离遇到熟人，或因人太多没有办法上前打招呼时，或同一场合中再次见面时，适宜用点头致意礼。在外交场合，遇到身份高的人，不宜主动上前握手时，可行点头致意礼。

行点头致意礼的具体做法：不应戴着帽子；行礼时面带微笑，目视对方，轻轻向下点一下头即可。点头的幅度不要太大，速度不能太快，而且不要反复点头。

（二）举手礼

人们日常会面时，尤其是在距离较远时或者不便谈话时，常用举手礼。

举手礼的具体做法：右臂向前方伸直，右手掌心向着对方，其他四指并拢，拇指张开，切勿乱摆。

（三）鞠躬礼

鞠躬礼是人们在生活中用来表示对别人的恭敬而普遍使用的一种礼节，既适用于庄严肃穆或喜庆欢乐的仪式，又适用于一般的社交场合。

鞠躬礼的具体做法：鞠躬前，脱帽，身体立正，眼睛平视；鞠躬时，身体上部向前下弯曲。

鞠躬礼

（四）注目礼

注目礼适用于升国旗、游行检阅、剪彩揭幕、开业挂牌等情况。

注目礼的具体做法：起身立正，抬头挺胸，双手自然下垂或贴放于身体两侧，面容庄严肃穆，双目正视行礼对象，或随之缓缓移动。行礼时，不能大声喧哗、嬉皮笑脸、衣冠不整、东倒西歪、打打闹闹等。

（五）脱帽礼

欧美国家以及受欧美影响的许多国家，广泛流行脱帽礼。在升挂国旗、演奏国歌等庄重场合或进入主人房间等情况下，必须脱帽，以示敬意。

脱帽礼的具体做法：男子摘下帽子向对方点头致意即可；女士在社交场合可以不脱帽。

（六）作揖礼

作揖礼又叫拱手礼。作揖礼的具体做法：起身站立，上身挺直，两臂上抬，左手握空拳，右手抱左手，相抱的手最低抬到胸前，最高齐眉，自里上而外下，有节奏地晃动两三下。

（七）拥抱礼

行拥抱礼时，通常两人正面相对而立，各自举起右臂，右手扶在对方左肩后面，左臂下垂，左手扶在对方右腰后侧，按各自的方位，两人头部及上身都向左相互拥抱，然后头部及上身向右拥抱，再次向左拥抱，三次礼毕。此礼在西方国家较流行。

(八) 亲吻礼

夫妻、恋人或情人之间，宜吻唇；长辈与晚辈之间，宜吻脸或额；平辈之间，宜贴面。关系亲密的女子之间可吻脸，男女之间可贴面。亲吻礼多见于西方国家，中国及其他东方国家基本不用亲吻礼。

(九) 微笑礼

微笑是一种交际时的面部表情语言，普遍被使用。善意的微笑表达一种尊敬、友爱、关怀、认同、欢迎、祝贺的意思，微笑礼的最大好处在于它作为一种简单的礼仪，可以与任何一种礼仪共同使用，虽然未必有更好的效果，但一定不会使效果变差。微笑是沟通心灵的桥梁，是打开交友之门的最好钥匙。

(十) 磕头礼

在古代中国，磕头礼很常见，最初是赔罪的意思，也用于表示敬意。现在，在寺庙和道观中仍常见磕头礼。逢年过节时，家中的晚辈向长辈拜年也有行磕头礼的。

磕头礼的具体做法：伏身跪下，两手扶地，以头着地。

(十一) 合十礼

合十礼，又叫合掌礼，是亚洲信奉佛教的地区常用的一种礼节。当别人向你行合十礼时，应回以相同的礼节。

合十礼的具体做法：要面向受礼者，手掌合拢并齐，掌尖与鼻尖基本持平，手掌稍向外向下倾斜，上身前倾约30度。

课题三　介绍礼仪

现代人要生存、发展，就需要与他人进行必要的沟通，以寻求理解、帮助和支持。介绍是人际交往中与他人进行沟通、增进了解、建立联系的一种最基本、最常规的方式，是人与人进行相互沟通的出发点。通过介绍能帮助人们扩大社交范围，构建良好的人际网络。

一、自我介绍

在社交活动中，如欲结识某些人或某个人，而又无人引荐，如有可能，即可向对方自报家门，将自己介绍给对方。如果有介绍人在场，自我介绍则被视为不礼貌。

（一）自我介绍的时机

应当何时进行自我介绍？这是最关键而又往往被人忽视的问题。在下面场合，有必要进行适当的自我介绍。

（1）应聘求职时。
（2）应试求学时。
（3）在社交场合，与不相识者相处时。
（4）在社交场合，有不相识者表现出对自己感兴趣时。
（5）在社交场合，有不相识者要求自己做自我介绍时。
（6）在公共聚会上，与身边的陌生人组成交际圈时。
（7）在公共聚会上，打算介入陌生人组成的交际圈时。
（8）交往对象因为健忘而记不清自己，或担心这种情况可能出现时。
（9）有求于人，而对方对自己不甚了解，或一无所知时。
（10）拜访熟人遇到不相识者阻拦，或是对方不在，而需要请不相识者代为转告时。
（11）前往陌生单位，进行业务联系时。
（12）在出差、旅行途中，与他人不期而遇，并且有必要与之建立临时接触时。
（13）因业务需要，在公共场合进行业务推广时。
（14）初次利用大众传媒向社会公众进行自我推荐、自我宣传时。

自我介绍时应先向对方点头致意，得到回应后再向对方介绍自己的姓名、身份、单位等。

（二）自我介绍的具体形式

1．应酬式

应酬式自我介绍适用于某些公共场合和一般性的社交场合，这种自我介绍最为简洁，往往只包括姓名一项即可。

例如：

"你好，我叫王刚。"

"你好，我是李晨。"

2．工作式

工作式自我介绍适用于工作场合，它包括本人姓名、供职单位及其部门、职务或从事的具体工作等。

例如：

"你好，我叫王刚，是×公司的销售经理。"

"我叫李晨，我在×大学中文系教外国文学。"

3. 交流式

交流式自我介绍适用于社交活动中,希望与交往对象进一步交流与沟通。它大体应包括介绍者的姓名、工作、籍贯、学历、兴趣及与交往对象的某些熟人的关系。

例如:

"你好,我叫王刚,我在×公司上班。我是李晨的老乡,是北京人。"

"我叫张笑,是李晨的同事,也在×大学中文系,我教中国古代汉语。"

4. 礼仪式

礼仪式自我介绍适用于讲座、报告、演出、庆典、仪式等一些正规而隆重的场合。它包括姓名、单位、职务等,同时还应加入一些适当的谦辞、敬辞。

例如:

"各位来宾,大家好!我叫王刚,我是×公司的销售经理。我代表本公司热烈欢迎大家光临我们的展览会,希望大家……"

5. 问答式

问答式自我介绍适用于应试、应聘和公务交往。问答式的自我介绍,应该是有问必答,问什么就答什么。

例如:

"先生,你好!请问您怎么称呼?(请问您贵姓?)"

"先生您好!我叫王刚。(免贵姓王。)"

又例如:

主考官问:"请介绍一下你的基本情况。"

应聘者:"各位好!我叫李晨,现年26岁,河北石家庄市人,汉族……"

(三)自我介绍的注意事项

1. 注意时间

要抓住时机,在适当的场合进行自我介绍,如对方有空闲,而且情绪较好,又有兴趣时,这样就不会打扰对方。自我介绍时还要简洁,尽可能地节省时间,以半分钟左右为佳。为了节省时间,做自我介绍时,还可利用名片、介绍信加以辅助。

2. 讲究态度

进行自我介绍,态度一定要自然、友善、亲切、随和,应落落大方,彬彬有礼。既不能唯唯诺诺,又不能虚张声势,轻浮夸张。语气要自然增长,语速要正常,语音要清晰。

3. 真实诚恳

进行自我介绍要实事求是,真实可信,不可自吹自擂,夸大其词。

二、他人介绍

他人介绍是经第三者为彼此不相识的双方引荐、介绍的一种介绍方式。他人介绍通常是双向的，即对被介绍者双方均做一番介绍。

（一）他人介绍的时机

(1) 与家人外出，路遇家人不相识的同事或朋友。
(2) 本人的接待对象遇见了其不相识的人士，而对方又跟自己打了招呼。
(3) 在家中或办公地点，接待彼此不相识的客人或来访者。
(4) 打算推介某人加入某一方面的交际圈。
(5) 受到为他人作介绍的邀请。
(6) 陪同上司、长者、来宾时，遇见了其不相识者，而对方又跟自己打了招呼。
(7) 陪同亲友前去拜访亲友不相识者。

（二）他人介绍的顺序

为他人作介绍时必须遵守"尊者优先"的规则。

把年轻者介绍给年长者；把职务低者介绍给职务高者；如果双方年龄、职务相当，则把男士介绍给女士；把家人介绍给同事、朋友；把未婚者介绍给已婚者；把后来者介绍给先到者。

（三）他人介绍的注意事项

(1) 介绍者为被介绍者人介绍之前，一定要征求一下被介绍双方的意见，切勿开口即讲，显得很唐突，让被介绍者感到措手不及。
(2) 被介绍者在介绍者询问自己是否有意认识某人时，一般不应拒绝，而应欣然应允。实在不愿意时，则应说明理由。
(3) 介绍人和被介绍人都应起立，以示尊重和礼貌；待介绍人介绍完毕后，被介绍双方应微笑点头示意或握手致意。
(4) 在宴会、会议桌、谈判桌上，视情况介绍人和被介绍人可不必起立，被介绍双方可点头微笑致意；如果被介绍双方相隔较远，中间又有障碍物，可举起右手致意，点头微笑致意。
(5) 介绍完毕后，被介绍双方应依照合乎礼仪的顺序握手，并且彼此问候对方。问候语有"你好""很高兴认识你""久仰大名""幸会幸会"，必要时还可以进一步做自我介绍。

（四）他人介绍的方式

1. 简介式

简介式他人介绍适用于社交场合，一般只介绍双方的姓名。

2. 标准式

标准式他人介绍适用于正式场合，以介绍双方的姓名、单位、职务等为主。

3. 强调式

强调式他人介绍适用于各种交际场合，除了双方的姓名外，更强调某位被介绍者与介绍者的关系，期望得到另一位被介绍者的重视。

4. 推荐式

推荐式他人介绍适用于比较正式的场合，内容特别强调某位被介绍者的优点、长处，期望得到另一位被介绍者的重视。

5. 引见式

引见式他人介绍适用于一般的社交场合，介绍者只是引导被介绍者见面，并不作实质性的介绍，而是邀请双方进行自我介绍。

课题四 交谈礼仪

交谈，是社交活动中必不可少的内容。它是人们传递信息和情感，彼此增进了解和友谊的重要方式。然而，交谈要谈得"情投意合"，却不是件轻而易举的事。在交际应酬中，要使交谈圆满成功，就得讲究交谈的礼仪。

一、交谈的作用

交谈是一门艺术，而且是一门古老的艺术。"一人之辩重于九鼎之宝，三寸之舌强于百万之师"，在人类发展史上，交谈作为一种社会现象，是和人类劳动、生活、交际活动一起发展起来的。交谈的艺术性体现在：尽管人人都会，效果却大不一样。所谓"酒逢知己千杯少，话不投机半句多"，正说明了交谈的优劣直接决定着交谈的效果。与人进行一次成功的谈话，不仅能获得知识、信息的收益，而且感情上也会得到很多补偿，会感到是一种莫大的享受；而参与一场枯燥无味、死气沉沉的交谈，除了是时间上的浪费，还会有一种受折磨的感觉。

交谈是建立良好人际关系的重要途径，是连接人与人之间思想感情的桥梁，是增进友谊、加强团结的一种动力。"良言一句三冬暖，恶语伤人六月寒"，说明交谈在交往中的作用是举足轻重的。一个人善于交谈就能广交朋友，给人带来友爱，为社会增添和谐，就能享受到社会特有的友情与温暖。在现实生活中，我们经常看到不少人因话不得体，伤害了亲友，得罪了同事，甚至有些人因言语失误，结怨结仇，操刀动斧，酿成生活悲剧。

交谈不仅是人们交流思想的重要手段，而且是学习知识、增长才干的重要途径。善于同有思想、有修养的人交谈，就能学到很多有用的知识，"与君一席谈，胜读十年书"就是对交谈意义深刻的总结。英国文豪萧伯纳曾经说过："你我是朋友，各拿一个苹果，彼此交换，交换后仍各有一个苹果；倘若你有一种思想，我也有一种思想，而朋友相互交流思想，那么，我们每个人就有两种思想了。"可见，广泛地交谈可以交流信息、深化思想、增强认识能力和处理问题、解决问题的能力。因此，掌握交谈的礼仪要求、提高交谈的语言艺术，对于提高工作水平和工作效率，也具有极其重要的作用。

二、交谈的要诀

（一）提高知识水平

公共关系人员要注意随时学习和积累各种知识，这是提高语言能力的基础。

（二）克服心理障碍

说话时最重要的是要清除胆怯心理，克服内向心态，与人交谈时，可力争主动，尽可能提出你最得心应手的话题，放开来讲述，以表示你有信心与人交谈，展示良好的个人形象。

（三）注意谈话姿势

正确的谈话姿势应该是自然、放松。站着谈话时，应挺胸、收腹，全身重量均匀地分配在双足，使重心稳定。坐着谈话时，双脚应平放于地面，不要交叠双腿，更不要跷二郎腿，肩膀要平正，腰背要挺直。

（四）辅以无声语言

谈话时，适当而自然地辅以一定的无声语言，如手势、眼神、表情等，更能为谈话增添魅力。美国心理学家阿尔培特说，人的感情表达由三方面组成：55%的无声语言＋38%的声调＋7%的言辞。这说明在传情达意方面，无声语言的作用是不容忽视的。

三、交谈的礼仪

（一）交谈的语言

1. 语言要准确

交谈时，发音准确、音量适中、语速适度、语气谦和、内容简洁、内容准确、少用土语、慎用外语和网络语言。

2. 语言要幽默

幽默在交谈中的作用是不可低估的。恰到好处的幽默能使人感到轻松愉快，使沟通的效果更趋完美，可以活跃交谈的气氛，还可以驱除交谈中的疲劳感，让人身心健康。

3. 语言要礼貌

（1）"五句十字"礼貌语：您好、请、谢谢、对不起、再见。

（2）"四有四避"礼貌法："四有"——有分寸、有礼节、有教养、有学识；"四避"——避隐私、避浅薄、避粗鄙、避忌讳。

（二）交谈的注意事项

1. 眼睛的位置

一般来说，很熟的人之间谈话，可平视对方的眼睛；关系一般的人之间交谈，眼睛应平视对方的鼻子和嘴构成的三角区域。

2. 交谈距离

（1）亲密距离：45厘米以内，贴心朋友、恋人、夫妻、父母与子女之间。

（2）私人距离：45~120厘米，亲属、朋友之间。

（3）社交距离：120~360厘米，属于礼节上较正式的交往距离，与同事共事通常保持这种距离。

（4）公共距离：大于360厘米，适用于开会或演讲。

3. 要礼让对方

在交谈中，尽量以对方为中心，处处礼让对方，尊重对方，尤其是要避免出现以下几种失礼于人的情况：

（1）独白。既然交谈讲究双向沟通，那么在交谈中就要目中有人，礼让他人，要多给对方发言的机会，让大家都有交流的机会。不要一人独白，侃侃而谈，"独霸天下"，只管自己尽兴，而始终不给他人张嘴的机会。

（2）冷场。在交谈中走向独白的反面，即从头到尾保持沉默，不置一词，这会使交谈变得冷场，破坏现场的气氛。

（3）插嘴。出于对他人尊重，在他人讲话时，尽量不要在中途予以打断，突如其来，不经允许地上去插嘴。这种做法会给人自以为是、喧宾夺主之感。

（4）抬杠。抬杠是指喜爱与人争辩，喜爱固执己见，喜爱强词夺理。以"杠头"自诩，一贯自以为正确，得理不让人，是有悖交谈主旨的。

（5）否定。在交谈中，要善于聆听他人的意见，若对方所述无伤大雅，无关大是大非，一般不宜当面否定，让对方下不了台。

4．说话的艺术

交谈时，说话一方应注意以下几点：

（1）说话时应口齿清楚，发音正确，音量适中。

（2）说话要诚恳谦逊。谈话时，不要矫揉造作，言过其实；说话应尽量留有余地；发表观点时切忌主观武断；自己说话时，应随时注意观察对方的无声语言，以调整自己的话题。

（3）谈话不要涉及他人的隐私。例如，对女士不问年龄、婚否、服饰价格等；对男士不问钱财、收入等；不要用批评或讥笑的口吻谈论他人等。

（4）注意自己的无声语言，不要做出不礼貌或使别人误会的动作。

5．聆听的艺术

在交谈中，聆听有时比说更为重要。一个耐心的、善于听取别人谈话的人，容易得到更多的人的信赖。交谈中聆听别人讲话时应注意：

（1）不要随便插话，一定要耐心地听，即使有不同见解，也最好等对方说完后，再作回答。

（2）借助表情等无声语言，适当地与对方保持眼神接触，身体稍稍倾向于说话人，面带微笑、适时点头，以表明你的专注、耐心与友好。

（3）设法使交谈轻松自如，不要让对方感到压力和拘束。

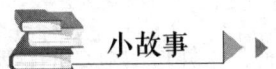

英国国王爱德华八世宁要爱情，不要王位的故事人尽皆知。爱德华所倾心的辛普逊夫人出身平民，又是离过两次婚的妇人，究竟是什么使爱德华倾心到忘乎一切的地步？据说辛普逊夫人虽然美丽，但称不上是绝色佳人，她的迷人之处主要是风度，特别是她听人谈话时具有一种非凡的吸引力。英国作家莎罗夫这样描写："她坐在公爵（即爱德华八世，辞去王位后被封为温莎公爵）对面，肘靠在桌面上，手支着下颚，她的眼睛、耳朵、整个身心似乎全沉醉在他说的每个字、每一句话中，她似乎在说：'再说吧，再多告诉我一点……我正在听……有趣极了……迷人极了……'"至今，西方人仍认为辛普逊夫人是最有赏识力的听众，是一个最善于专注地聆听他人谈话的人。

小李的口头表达能力不错，对公司产品的介绍也得体，人既朴实又勤快，在业务人员中学历又最高，总经理对他抱有很大期望。可做销售代表半年多了，业绩总上不去。问题出在哪儿呢？

有客户反映小李说话太快，经常没听懂或没听完客户的意见就着急发表看法，有时说话急促，风风火火的，好像每天都忙忙碌碌的，少有停下来的时候。

思考：你认为小李在哪些方面要提高？如何改进呢？

课题五　拜访和接待礼仪

一、拜访礼仪

拜访是社交中的一种重要礼仪形式，通过亲朋之间的拜访，能增进了解、促进友谊。拜访作为交往的重要方式，在当今已越来越受到人们的重视。

（一）拜访的含义

拜访就是指个人或单位代表以客人的身份去探望有关人员，以达到某种目的的社会交往方式。

（二）拜访的分类

1. 正式拜访

有正式的拜访由头，通过事先预约，确定见面时间和地点，并按时赴约的活动。

2. 非正式拜访

朋友间的往来。

（三）拜访的礼仪

1. 准备阶段

（1）约定拜访时间。决定到某家做客的时候，事先给主人打个电话，预先约定一个合适的时间，以便主人事先做好安排。时间不宜太早或太晚，最好安排在下午或晚饭后，要尽量避免吃饭和休息的时间。如果不打招呼就贸然前去，很容易扰乱主人的工作和生活秩序，而且也容易扑空。如果事先与主人约好了时间，就要守信，准时到

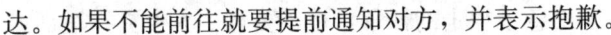

达。如果不能前往就要提前通知对方，并表示抱歉。

（2）约定拜访人数和名单。

（3）选择好服装。

（4）选择好礼物。初次到别人家做客，最好适当带些礼品。

2. 上门拜访阶段的礼仪

（1）进门的时候。

①敲门。在进入室内之前应敲门，如果没有人应允，不可擅自闯入。进门之后，主人家如果是铺了地毯，和主人寒暄后，在门口先换上主人备用的拖鞋，以保护地毯和铺装的地面。

②放随身物品。在落座之前，要将外衣和帽子脱下，连同携带的提包、雨具等物，放在主人指定的地方，千万不要乱扔，以免引起主人的反感。

③打招呼。如果与接待者是第一次见面，应主动递上名片，或做自我介绍。对熟人可握手问候。

④介绍带来的人。

⑤就座。在主人没有示意入座之前，不能自行坐下。

（2）做客的时候。

①如果接待者因故不能马上接待，应安静地等候，有抽烟习惯的人，要注意观察该场所是否有禁止吸烟的警示。如果等待时间过久，可向有关人员说明，并另定时间，不要显得不耐烦。如果主人不在，可以主动给主人留一张便条，表示已经来过，以免造成不必要的误会。去做客的时候，如果原先的客人要离开，要主动起身微笑相送，坐着不动是非常不礼貌的。

②与接待者的意见相左时，不要争论不休。对接待者提供的帮助要致以谢意，但不要过分。在与主人交谈的时候，应注意礼貌，姿势要端正自然，语气要温和可亲，且注意倾听主人的谈论。若对方是长者，他在谈话时，不可随便插话，更不要自以为是。

③谈话时开门见山，不要东拉西扯，浪费时间。

④来到朋友家里之后，看到家里珍贵之物，没有经主人允许，不要随便拿起耍弄，不要随便翻看，不要乱扔果皮、烟蒂。未经主人同意，不能拿走主人的任何东西。

⑤如果不是到很要好的朋友家里做客，就座应讲究姿势，注意适当和自然。如果坐得笔挺，不敢动弹，显得过于拘束，弄得主人也很尴尬；如果坐没坐相，跷起二郎腿并不断地乱抖，就显得太放肆了，很不庄重，也会给主人留下很不好的印象。

⑥要注意观察接待者的举止表情，适可而止：当接待者有不耐烦或有为难的表现时，应转换话题或口气；当接待者有结束会见的表示时，应立即起身告辞。拜访时间不宜过长，特别是在晚上的时候，否则会影响主人的休息。初访应以30分钟为宜，再访一般应控制在一个小时以内。俗话说"客走主安"，客人不及时告辞，主人是不

得安宁的。告辞之前，不可让主人看出急于想走的样子，也不要在主人说完一段话或一件事时立即提出告辞，这样会使主人觉得你对他的谈话或说的事不耐烦。说了告辞，应立即起身。告辞时，注意向主人及其家庭主要成员道"再见"，并诚意邀请他们到自己家里做客。主人热情相送时，应及时请主人留步。

二、接待礼仪

接待是指个人或单位以主人的身份招待有关人员，以达到某种目的的社会交往方式。在接客、待客、送客的过程中，接待者都要讲究一定的礼仪规范，每个环节都要有一定的要求。

接待和拜访一样，同样可以起到增进联系、提高工作效率、交流感情、沟通信息的作用，同样是个人和单位经常运用的社会交往方式。

（一）准备阶段

(1) 确定接待人。

(2) 做好卫生。如果家中不够干净整齐，显得凌乱，要马上做些必要的整理。

(3) 备好用品。

(4) 合适着装。

（二）迎客阶段

(1) 迎候。听到有人敲门，应该马上回答"请进"或亲自到门口相迎。

(2) 握手。

(3) 将客人引到客用椅上，并将客人的位置安排在上座。（右侧为上座；门的正对面为上座）。

（三）待客阶段

(1) 接待来访者时，手机应静音。

(2) 客人坐下以后要给客人倒茶，每杯茶以 2/3 为宜，"浅茶满酒"，敬茶应用双手端茶杯，放在客人的右手上方，不要在端茶时用手抓住杯口，这样容易打碎杯子，并且给人感觉不卫生。先敬女士、长者。

(3) 吃饭的时候，要热情邀请客人一同进餐。客人吃过饭后，要送上热毛巾，并重新更换热茶。

(4) 客人来时，如自己恰巧有事不能相陪，要先打招呼，致以歉意，并安排家属陪着，然后再去干自己的事。

（四）送客阶段

(1) 如果客人坚持要回去，不要勉强挽留。

(2) 在和客人分手告别时，应主动说"再见"或"慢走"。

(3) 送客时要把客人送到大门外，如果有长者，要走在长者后面。行注目礼，即使客人不看也要行注目礼。

课题六　电话礼仪

电话是人们在社会交往中使用最频繁、最重要的沟通渠道，它具有及时迅速、使用方便、失真度小的特点，已是现代人工作、生活中不可缺少的交流工具。正确使用电话，不仅要掌握使用电话的技巧，更重要的是要掌握打电话及接听电话的礼仪，维护自己的"电话形象"。

一、打电话的礼仪

(1) 决定是否打电话。

(2) 安排好打电话的时间。选择恰当的拨打时间，以不影响对方工作和休息为宜，而且最好别在节假日打扰对方。通话时集中沟通主要议题，提高通话效率。一次电话不应长于3分钟，即所谓3分钟原则。

(3) 说好前几句。开始通话，先问候对方，然后主动自我介绍；电话突然中断，由主叫方立即重拨，并向对方说明。

(4) 要态度友好。在通话时，不要大喊大叫，用正常面对面交谈时的音量，对方能够听清。

(5) 拨错号码。如拨错电话，应向对方道歉。

(6) 礼貌地挂断电话。结束通话时，以主叫方或尊者先挂断为宜。

二、接电话的礼仪

(1) 迅速准确地接听。在完整的两次铃响后，拿起话筒，会使接电话的人显得既稳重而又不清高。若铃响了很长时间才接电话，就应向对方表示歉意。

(2) 说好前几句。电话接通后，首先应说："您好！"或在"您好"之后自报家门。一般情况下，自报家门有四种方式：一是报本人的全名；二是报本人所在的单位；三是报本人所在的单位和本人的全名；四是报本人所在的单位、本人的职务和全名。其中，第一种用于私人交往中；后三种用于公务交往中。

(3) 礼貌友好。接听电话时，温和应答。如遇对方误拨的电话，应耐心说明，不可恶语相向。

(4) 礼貌地挂断电话。挂断电话时，由打电话者使用简洁的结束语或告别语提醒对方将挂断电话，等听到对方放下话筒后才挂断电话，以示对对方的尊重。

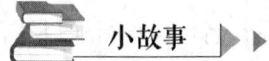 小故事

一时口误遭冷遇

一位先生要找A公司，但拿起电话却顺嘴说成了B公司。A公司的员工一听对方要找的是自己的竞争对手，马上说"你打错了"，"啪"的一下就挂断了电话。这位先生回过神来，觉得心里很不舒服。他以前也跟接电话的这位员工联系过几次，没想到对方的温文尔雅都是装出来的，实际却是这副德行，他再也不想和对方合作了。

三、代接听电话

如替他人接听电话，应做好记录并及时转达。一定要记录以下几点：
（1）对方的姓名和工作单位。
（2）接电话的时间。
（3）事情（谁、哪儿、什么、什么时候、为什么、怎么样）。但如果对方不愿详述则不必强问。
（4）对方的电话号码。
（5）对方的要求，如立刻回电或约定时间回电。

转接电话时，拿着话筒和放下话筒应是一个样。另外要特别注意的是，很多人在拿着话筒时，通常会比较注意自己的语言，会说："您找哪位？请您稍等。"放下电话找人时，往往忘了对方仍能听见，变得随心所欲，语言欠妥。当对方在电话里听到这样的语言时，会感到不愉快。因此转接时，要同样用客气的方式叫人，或者应该用手捂住话筒，注意隔音。

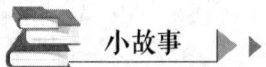 小故事

是个男的

"喂，王姐，你的电话，是个男的。"小赵接了一个电话，大声地招呼王姐过去接电话。整个办公室的人都听到了有个男的找王姐，大家都抬起头来看着王姐。王姐非常不好意思地过去接电话。

刨根问底

"请问，李先生在吗？"李先生的爱人听到电话里一个年轻女士找自己的爱人，立刻提高了警觉："你是谁啊？哪个单位的？你找他有什么事吗？你怎么知道我们家电

话的?"打电话的女士一听对方爱人刨根问底的,而且这种问话方式简直是在污辱自己,马上说:"没什么事,不用找了!"

小道消息

小丽接到一个电话,对方说:"帮我叫一下小飞。"小丽听出是局长的声音,她赶紧把小飞叫来,自己就在不远处竖起耳朵听电话。她听到小飞说:"好,我马上去您办公室。"小飞匆匆走了。小丽立即跑到张大姐那里:"张大姐,局长叫小飞去一趟,一定是他那天喝醉酒打人的事被局长知道了,这还不得严厉处分,弄不好开除呢。"过了几天,单位里都在传小飞喝醉酒打人被局长狠狠批评了。

三、手机礼仪

随着现代科技的日新月异及经济的发展,手机已成为现代通信工具的一个重要组成部分,具有携带方便、联系快捷的特点,真正实现了"沟通不受限"。如何通过使用这种现代化的通信工具来展示现代文明,是生活中不可忽视的问题。手机在通话使用时,除了上述使用电话的礼仪要求外,还要特别注意以下几点。

(一)将手机放在合适的位置

正常情况下,手机应放在随身携带的包中。女士可以把手机放在手提袋中或放在上衣口袋中,男士也可以把手机放在裤包里。

(二)使用手机注意事项

(1)如果在车里、餐桌上、会议室、电梯中等地方通话,尽量使谈话简短,以免干扰别人。若非必要,在这些场合,尽量不要主动打电话与人闲聊谈笑,不要迫使他人听你个人的私事和评论。开会时,必须先道歉说"对不起,请原谅",然后走到一个不会影响他人的地方,把话讲完再入座。

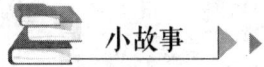

铃声搅乱音乐会

邱女士在北京音乐厅听一场由著名大师指挥的交响乐。音乐演奏到高潮处,全场鸦雀无声,凝神谛听,突然手机铃声响起,在大厅中显得格外刺耳。演奏者、观众的情绪都被打断。大家纷纷回头用眼神责备这位不知礼者。

(2)无论是接听还是拨打电话,音量都要适度。有些地方是信号的死角,会导致通话中断。如果遇到这种情况,可以先将电话切断,等信号好了再联络,不要大声地呼喊:"喂喂,我听不清楚!"这是很粗鲁的行为。

(3) 在明显标有"安静"字样的场所,如医院、图书馆、电影院等,要将手机调到静音/振动状态,有来电时,应迅速离开现场,到不妨碍他人的地方接听。

(4) 如果给别人打电话时没有人接听,电话转到留言信箱时,应该留下你的留言。

(5) 使用手机要注意安全。除了防止手机被偷外,使用手机还有一些特殊的注意事项。如不要在驾车时打电话,干扰开车容易引发事故;不要在飞机上使用电话,这样会干扰飞机电子设备的正常使用。

课题七　名片礼仪

名片是当代社会私人交往和公务交往中一种最为经济实用的介绍性媒介,作为一种礼仪信物,名片早在我国西汉时期就已出现,当时因纸未发明,则削竹、木为片,上面写上姓名,称为"谒",后又改称"刺"。在现代的公共关系交往中,它既可以是自我的"介绍信",又可以是社交的"联谊卡",起着证明身份、广结良友的重要作用。然而,有关名片的样式、存放与交换,礼节大有讲究。

一、名片的样式

名片被称为人们的第二脸面,所以名片样式、制作及印刷均十分讲究。一张标准的名片应包括三方面的内容:一是本人所属单位、单位标记及具体部门;二是本人的姓名、职务或职称;三是与本人联系的方法,包括单位地址、电话号码等内容。名片内容的编排有不同的版式,具体形式则视本人的喜好而定。

名片的规格一般长约8.5厘米、宽约5.5厘米;版式以横排为佳;质地多为柔软耐磨的白板纸;色彩以白色、乳白色、黄色和浅蓝色为主,讲究高雅与庄重。

二、名片的作用

(1) 替代便条,用作简单的礼节性表示,以示郑重。(例如表达祝贺)
(2) 在送礼的礼品上附上一张名片,犹如亲往。(例如送礼品、送花)
(3) 拜访陌生人或长辈时附上一张名片,表明身份作为通报。
(4) 商业性的横向联系和交际中,名片表示身份,也起广告作用。

三、名片的交换

名片的交换体现了双方感情的沟通,表达的是彼此愿意继续交往的意愿,一般在双方初次见面,相互介绍之后进行,具体涉及递送与接受两个环节。

(一) 递送名片

名片的递送首先应注意顺序问题，一般是地位低的人先向地位高的人递名片，男性先向女性递名片。当不止一人时，应先将名片递给职务较高或年龄较大者；如分不清职务高低和年龄大小时，则可先与自己对面左侧方的人交换名片，然后由近而远依次递送。向对方递送名片时，应面带微笑，注视对方，将名片正对着对方，文字面朝上用双手的拇指和食指分别持握名片上端的两角送给对方。如果不用双手，至少要用右手。如果己方一开始是坐着的，应当起立或欠身递送，递送的同时说些礼貌友好的话语，例如"这是我的名片，欢迎多联系""这是我的名片，请多关照"。总之，递送名片的动作要洒脱大方，态度要从容自然，表情要亲切谦恭。

(二) 接受名片

当他人表示要递送名片时，己方应立即停止手中所做的一切事情，起身或欠身，面带微笑，恭敬地用双手的拇指和食指接住名片的下方两角，并视情况说"谢谢""能得到您的名片，真是十分荣幸"之类的礼貌语。接过名片后，应从上到下认真阅读，尤其要注意对方的头衔，以便合适地称呼对方。看完后要郑重地将其放在名片夹里，以示尊重。如果是暂放在桌上，切忌在名片上放其他物品，也不可漫不经心地放置一旁或在手中摆弄。因为名片上印有对方的名字，对其名片的看重亦表明对其人的尊重。

递接名片

四、名片的存放

名片的存放应有较为精致的名片夹，而名片夹则应尽量放在左胸内侧的西装口袋内。由于公关人员在一次公关社交活动中需要接受的名片很多,因此,最好将他人的名片与自己的名片分开来存放,否则可能在慌乱中误将他人的名片当作自己的名片送给对方,这将是一件非常糟糕的事情。

五、名片的索要

(1) 以请求的口吻说:"如果没有什么不方便的话,能否请留张名片给我?"
(2) "请问怎么联系您?""请问以后如何请教?"

六、使用名片的注意事项

(1) 双手或右手递名片,不要用左手。
(2) 递名片时,文字的正面朝向对方

案例讨论

某次商品交易会,各方厂家云集。A公司的徐总经理在交易会上听说某集团的崔董事长也来了,想利用这个机会认识这位素未谋面又久仰大名的商界名人。午餐会上他们终于见面了,徐总彬彬有礼地走上前去,说:"崔董事长,您好,我是A公司的总经理,我叫徐×,这是我的名片。"说着,便从随身带的公文包里拿出名片,递给了对方。崔董事长显然还沉浸在之前的谈话中,顺手接过徐总的名片,回应了一句"你好"并将草草看过的名片放在了一边的桌子上。委屈的徐总在一旁等了一会儿,并未见这位崔董事长有交换名片的意思,便失望地走开了。

思考:在本案例中崔董事长错在哪儿?正确的做法是什么?

课题八 书信礼仪

一、普通书信

据史书记载,中国古代早在先秦的时候就开始使用书信了,不过当时主要是为了官方文书的传递。到了清朝,由于西方邮政制度的传入,书信走入寻常百姓的生活。今天,书信仍然是人们生活中不可缺少的一种交流方式。

(一) 书信的组成

书信作为流传几千年的通讯方式,结构上相对稳定。一般由信封和信文两部分构成。

信封有三部分内容：收信人地址、姓名，寄信人地址和双方所在地的邮政编码。信文的内容包括：称呼、启辞、正文、结语、署名、日期。

（二）信封

1. 信封的形式

关于信封，邮电部、国家技术监督局、国家工商行政管理局在《统一信封的新规定》中明确从1994年4月1日起，对信封实行新的统一规格。凡邮政通信使用的信封必须符合国家标准，印刷通信使用的信封，必须由当地邮电管理局监制。信封一律采用横式。普通信封长、宽为六种规格，最小规格长为16.5厘米，宽10.2厘米，公差为±15毫米。信封应用不低于每平方米80克的2号牛皮纸。对使用不符合国家标准，未经邮电管理部门监制的信封邮寄的信函，全国各地邮电局（所）原则上不予收寄。由此造成的时间延误应由用户负责。

2. 信封的书写

（1）收信人地址。

收信人的地址一定要写得字迹工整、详细具体。

一般在左上角邮政编码的下一行开始书写，字写得不要太大以至于贴近邮政编码的方框，写到右侧时与邮票之间最好也保留一个字的空当。如果第一行不够的话可以换行书写，应比首行低两个字。

收信人的地址要详细写明收信人所在的省、市（自治区）、县、区、街道和门牌号码。如果是给单位寄信，在写明单位名称的同时，也应写明单位的具体地址。

（2）收信人的姓名。

一般收信人的姓名应写在信封的正中间的位置，姓名要写全称，不可以省略。在姓名后加上"同志""先生""教授"等字样，不加亦可，但要注意，要是加上这些称谓，不能另加括号将其括起来，也不宜用"父亲大人"或"儿"之类的称呼。

（3）寄信人的地址及姓名。

寄信人的地址也要写得尽量详细一些，姓名也要写清楚，使收信人可以清楚地知道信是何人从何处寄来的，也可以使信件无法投递时还能再退还本人。

寄信人的地址应写在信封右下角，在书写时其左端最好不超过信封的二分之一处。书写方法与收信人的相同。

（4）另外，在信封上还要准确无误地填写好收寄双方所在地的邮政编码。

（三）信文

1. 称谓

称谓也叫称呼、台头，是对收信人的称呼。一般根据写信人与收信人的关系来写。称谓应该写在信文的第一行,并且要顶格写,后面用冒号,以示起领下文。整个称谓独占一行。

2. 启辞

启辞也叫问候语,这是信的开场白,在称谓下面一行空两格处写,单独成行;也可以在称谓下一行左起空两格写,后接信的正文,作为正文的开头。启辞可以问候"你好!最近身体好吗?"也可以视写信对象的不同而不同,现在每封信都是以"你好"来开头,难免显得千篇一律。

3. 正文

这是信件的主体部分,在启辞的下一行空两格的位置写起,也可在启辞后面直接写。正文在转行时要顶格写。正文的写法和风格根据信的内容不同而不同。一般包括以下几项内容。

(1) 写信的原因和目的。

简要概括一下写信的原因和目的,不宜太啰嗦,让人看完了却不知道你到底想表达什么。这里要注意的是,出于礼节,最好先谈谈对方的一些情况(尤其是回信的时候),然后再谈自己的事,以表示对他人的关心和尊重。

(2) 主体。

这里可以具体叙述写信人想要询问或回答的问题,应注意条理清楚,措辞得体,语言尽量口语化,但也要注意礼貌礼节。

(3) 结尾。

将正文的内容总结一下,可以提出一些希望或要求等。

4. 结语

结语也叫祝词、祝颂语,一般是表示祝愿或敬意的话。祝愿的话有"祝身体健康""祝工作顺利"等,表示致敬的话有"此致　敬礼"等。

结语的写法有以下两种情况:一般是分两行写,比如写"此致　敬礼",在正文下一行左起空两格写"此致",后面不要加标点,另起一行顶格写"敬礼",后面也不要加标点;也可以在正文的下一行空两格处直接写上祝福语,不再分行,这种写法常见于长辈写给晚辈的书信中。

5. 署名

署名就是在信文结束后,签署上写信人的名字。署名写在致敬语或祝愿语的下一行接近右端的地方。署名的形式可以根据写信人与收信人的关系而定,现在多数情况下只写姓名。值得注意的是,现在有些人在署名时喜欢写得很潦草或将几个字母组合在一起,这实际上是对收信人的不尊重,尤其在给长辈或尊者写信时千万不可如此。

6. 日期

日期写在署名下面。一般的信件,只要写月、日即可。

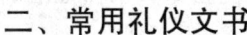

二、常用礼仪文书

礼仪文书是指国家、单位、集体或个人在喜庆、哀丧以及其他社交场合用以表示礼节的文书,一般格式比较固定。礼仪文书的用途很广,这里仅介绍几种常用的礼仪文书。

(一)常见礼仪文书及其格式

1. 请柬

请柬是私人和公务场合中广泛使用的一种文书形式,是人们举行吉庆活动或某种聚会时,为表示对客人的尊重和邀请者的郑重态度,专门向邀请对象发出的邀请文书。请柬内容单一,可以体现出庄重、礼貌之意,又不失方便快捷。

请柬的内容由标题、开头、正文、结尾及落款和时间几部分组成。

标题写在封面上,如"请柬、请帖"。开头在请柬内的第一行顶格写,要写明被邀请者单位、姓名、职务。正文是请柬的主体,在开头下面一行空两格写,要交代清楚拟举行的活动名称,活动的时间、地点及注意事项等。要尽量做到用词准确、精练、恳切、得体。结尾处空两格写上"敬请、恭候"等字样。再另起一行写上"光临、莅临"字样。落款写在下方,由发柬者署名。再另起一行注明日期。

请柬也有竖式写的,书写顺序是由右向左竖着写。

请柬的外形和文字都必须经过斟酌和加工。请柬写好后,最好提前一段时间发出,以便受邀者有安排时间的余地。

2. 贺信

贺信是某人、某单位或某国家在某一方面取得重大成就时,为了表示对其祝贺而写的。贺信的应用范围也是很广的。贺信内容的针对性很强,措辞要真诚、热情。

3. 祝词

祝词是指在某种公共场合为表示勉励、感谢、祝贺等所作的礼仪性文书。

祝词一般也包括标题、称谓、正文、结尾等部分。标题是为了写明类别,如祝酒词、开业祝词等;称谓是对出席者的称呼,在正文顶格写,注意尊敬用语;正文一般包括祝贺、感谢,简要回顾双方的关系史,展望双方的未来,再一次表示感谢及祝贺;结尾处要写明单位名称、时间等。

(二)礼仪文书的一般原则

1. 实事求是

礼仪文书的书写要本着实事求是的原则,不能夸大其词,更不能弄虚作假。

2. 简洁扼要

礼仪文书的书写要简明,格式要正确,语言要规范,字迹要工整,切忌潦草,文

· 89 ·

面要保持干净。一般不能涂改，如果涂改了，则涂改处要加盖公章，以保证准确性。

单元练习

1. 正确使用握手礼的方法是什么？
2. 他人介绍的顺序是什么？
3. 接听电话有哪些礼貌礼节？
4. 使用名片应注意哪些礼貌礼节？
5. 给你的爸爸妈妈写一封信。

第四单元　职业学校学生的修养与礼仪

学习目标

知识目标： 认识职业学校学生礼仪培养的目的，了解学习礼仪的方法和应该具备的基本道德修养，培养良好的风度气质，理解社会对职业学校学生应具备的基本素质和修养的要求，掌握各类家庭、学校、公共场合、求职礼仪。

素质目标： 树立职业道德意识，提高职业道德修养，懂得尊重师长、善待同辈，遵守公共场合礼，学会正确求职。

能力目标： 运用所学知识塑造良好的职业形象，提高交往能力。

技能目标： 模拟工作环境，开展懂礼貌、讲礼仪活动。

基本概念

家庭礼仪　学校礼仪　公共场合礼仪

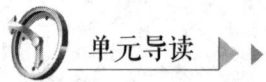 单元导读

古希腊的"博雅教育"认为,"公正善良的人"必须具备十七种美德,其中五种是智能方面的,其他十二种均是指品德方面的,即正义、节制、勇气、有抱负、稳健、自尊、诚实、进取心等。可见古人早已把品德看作做人的根本,把品德看作一种精神上的宝藏。因此,礼仪教育不容忽视,它是人类文明的标志。学生要学会讲究礼节、礼貌,保持美好的言行并将其化为自觉行动。

这些抽象的品德概念体现在日常生活的方方面面,具体到职业学生的礼仪、素质,主要体现在家庭、学校以及其他日常生活中的公共场合方面。家庭是每个人日常生活中最理想的港湾,它既是遮风避雨的场所,也是孕育希望和放飞理想的锚地。家庭礼仪教育的一个最重要的目的就是培养孩子的礼仪习惯。学生是学校工作的主体,因此,学生应具有的礼仪常识是学校礼仪教育重要的一部分。公共场合礼仪体现社会公德。在社会交往中,良好的公共场合礼仪可以使人际之间的交往更加和谐,使人们的生活环境更加美好。

课题一 风度气质

一、风度气质概述

在人际交往中,人们常常用"气质很好"这句模糊的话来评价对某个人的总体印象。然而一旦要把这个具体的感觉用抽象的概念来解释,就变得"可意会而不可言传"。究竟什么叫气质与风度呢?气质是心理学范畴的概念。现代心理学把气质理解为:人的心理活动中典型的、稳定的个体动力特征。它使人的性格的表现形式具有显著的个人色彩,影响人的心理活动的速度和稳定性、心理活动的强度以及心理活动的指向性。

风度是人在工作及交际中举止、言谈、姿态、作风、服饰所体现出来的特定的风格,是一种外在形象。如果说气质的美属于一种精神美、内在美,那么风度的美则是一种韵致美、外表美。气质这种内在的美必然会反映于外表,而风度这种外在美又必然是良好的内在素质的外显方式。所以通常所说的气质与风度,是内在美与外在美的和谐统一,是一个人德才学识诸方面修养在行为上的具体体现。

风度总是伴随着礼仪,一个有风度的人,必定谙熟礼仪,既彬彬有礼,又落落大方,顺乎自然,合乎人情——这便是现代人的风度。

二、风度的美学内涵

良好的风度，令人赞赏，令人羡慕，具有不可否认的审美价值。风度的美学内涵包括以下几个方面的内容。

（一）风度是内秀与外美的统一

人之美有两种最基本的划分，一种是外在的形貌美，一种是内在的心灵美。

人的外在美是人自身美的凝聚和显现，它既能给本人以极大的心理满足和自美的心理享受，又能给他人以审美美感，使人赏心悦目。追求外在的形貌美，是人的本然天性，不应加以禁锢、压抑，而应该积极引导。而因为有了内在美的存在，人才能真正成为完美的人，才能让人产生由衷的美感。

古希腊的哲学家德谟克利特就说："身体的美若不与聪明才智相结合，便是某种动物性的东西""偶然穿戴和装饰得看起来很华丽，但是，可惜！他们没有心。"

天生丽质，虽然是人人希望的，但并非人人都拥有。可是我们如果能进行恰如其分的美化，就可以使平庸的形貌变得生动。

（二）风度是自然美与装饰美的统一

风度美，首先要具备内在的良好的自然条件。其次，要有艺术化的修饰方法。虽然装饰美是构成风度最显眼的风景线，但如果过分追求、一味讲究而忽视内在精神的陶冶，就会失去风度的深度。人的装扮美，要有美的精神作为支柱、依托，否则就只能成为一个"漂亮的木偶"，没有深沉的内蕴，无法给人以回味之美。

我们的周恩来总理，是世界上公认的美男子。除了崇高的品质、高尚的人格外，还因其具有美好的仪表形象。美国前国务卿基辛格谈到他对周总理的印象时说："他脸容瘦削，但神采奕奕，双目炯炯。他的目光既坚定又安详，既谨慎又满怀信心。他身穿一套裁剪精致的灰色毛式服装，显得简单朴素却甚为优美。他举止娴雅庄重，使举座注目的不是他魁伟的身躯，而是他那外弛内张的精神、钢铁般的自制力。"的确，周总理具有非凡的风度气质，正是这种非凡的风度气质，赢得了全世界人民的尊重和爱戴。

（三）风度美的两种形态

风度美从性别上划分，可区分为男性风度美与女性风度美两种不同形态。

1. 男性风度美

男性风度美的衡量标准：情绪饱满；举止庄重大方；服装整洁；表情自然；言谈讲究分寸；豪爽而幽默，临危不惧，处变不惊；做事利索果断，不拖泥带水；以谦逊为美德，不恃才自傲，不炫耀身份、地位，不讲阔，不讲排场；具有健壮的体型，注重强体健身。

男性风度类型：坚毅刚强；睿智机敏；蕴藉深沉；热情豪放。

2. 女性风度美

女性风度美的衡量标准：端正、斯文、举止得体；真诚、温和、耐心、善良；正派、高雅、自重、自信；活泼、温情、乐观、大方；直言，不饶舌，娓娓动听，甜美悦耳。

女性风度类型：温柔娴静；高雅端庄；自然质朴；妩媚优雅。

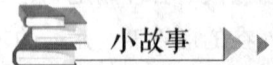

英国历史上第一位女首相玛格丽特·希尔达·撒切尔是一位对别人的衣着毫不关心，却对自己的衣着非常在意的人物。她对自己的化妆、服饰非常讲究。在她身上，没有一般女人的珠光宝气和雍容华贵，只有淡雅、朴素和整洁的衣着。从少女时代开始，玛格丽特就十分注重自己的衣着，但并不标新立异、哗众取宠，而是朴素大方、干净整洁。从大学开始，她受雇于本迪斯公司。她那时的衣着给人一种老成的感觉，因而公司的人称她为"玛格丽特大婶"。每个星期五下午，她去参加政治活动时，都头戴老式小帽，身穿黑色礼服，脚蹬老式皮鞋，腋下夹着一只手提包，显得持重老练。虽然有人笑话她打扮土气，但她有自己独到的见解：这样的打扮能在政治活动中取得别人的信任，建立起威信。她的衣服从不打皱，让人觉得井井有条是她一贯的作风。从服饰方面注意自己的仪表形象，对玛格丽特事业的成功的确起到了一定作用。

三、风度美的培养

风度、气质都是人们的行为表象，不是与生俱来的，而是来源于一个人的修养、文化程度以及社会经验等。比如：一个很有修养的男人，他不会跳舞，第一次去舞厅和女孩跳舞，除了尴尬以外真的没有什么值得表现的气质、风度和魅力，因为他没有具备表现气质、风度和魅力的能力。很多现实中的例子可以说明，一个人的气质和风度取决自身内在的修养。所以，我们要想给别人留下美好的印象，要表现出自己的气质和风度，就必须努力去学习别人值得自己学习的东西，丰富自己的知识面，增进自己的生活经验，了解各层次人的思想境界以及他们的生活方式和处世真谛，让自己渐渐适应这个社会的发展，让人们能接纳自己的行为表现。人的一切行为表现都要在文明、理智、道德、社会、法律的约束下进行，否则就谈不上什么气质和风度。只有心灵高尚、行为美好的人，风度才能如影随形、翩翩而至。

风度是静态美与动态美的统一，是外在美与内在美的统一。所以，要具有美好的风度，重要的是内外双修，铸造完美的形象。

第四单元 职业学校学生的修养与礼仪

（一）品格的优化

美好的风度来自优秀的品格，有了优秀的品格，才有好的风度。优秀的品格，人人钦佩。

从男性这方面说，男性应具备诚实正直、光明磊落的美德，不虚伪、不滑头，没有阿谀奉承的奴气。

从女性这方面讲，诚恳、心地善良、表里一致、恪守信用、待人宽厚的女性，总是令人喜爱的。反之，小气、嫉恨、卑鄙、贪婪的女子，总是令人厌恶的，又怎能有风度可言？善良之美、温柔之心，是创造风度美的前提。

女性的风度，尤重谦虚大度，有自知之明，虚怀若谷，不自满自足。自信而不自负，谦让而不盲从，不卑不亢，肯于谅解，不计较无谓小事，这是女性难得的优秀品格。

现代女性应注意培养自己性格的开放性。传统女性的胆怯、懦弱、逆来顺受等，是难以形成落落大方的风度的。当然，这并不意味着抛弃女性的温柔，温柔不等于软弱。在增强自尊自信的同时，又能不失温柔和娇媚，才是有完美风度的现代女性。

张良拾鞋

张良（？—前186年），是西汉高祖刘邦的军师，他的祖先是韩国人。在秦灭韩后，张良立志为韩国报仇。有一次，他因刺杀秦始皇未遂，受到追捕而避居到下邳。张良在下邳闲暇无事。有一天他到桥上散步，碰到一个老人，穿着粗布短衣，走到张良旁边，故意把自己的鞋子掉到桥下。然后回过头来冲着张良说："孩子！下桥去给我把鞋子拾上来"，张良听了一愣，很想发怒，但一看他是个老人，就强忍着怒气，到桥下把鞋拾了上来。那老人竟又命令说："把鞋子给我穿上！"张良一想，既然已经给他拾来了鞋子，不如就给他穿上吧，于是就跪在地上给他穿鞋。那老人把脚伸着，让张良给他穿好后，就笑嘻嘻地走了。张良一直用惊奇的目光注视着他的去向。那老人走开后又折回身来，对张良说："你这个孩子是能培养成才的。五天以后的早上，天一亮，就到这里来同我会面！"张良跪下来说："是。"第五天天刚亮，张良到了下邳桥上。不料那老人已经等在那里了，见了张良就生气地说："和老人约会，怎么迟到了？以后的第五天早上再来相会！"说完就离去了。到第五天早上，鸡一叫，张良就赶去，可是那老人又等在那里了，见了张良又生气地说："怎么又掉在我后面了？过五天再早点来！"说完又走了。到第五天，张良没到半夜就赶到桥上，等了好久，那老人才来，他高兴地说："这样才好。"然后他拿出一本书来，指着说道："认真研读这本书，就能做帝王的老师了！过十年，天下形势有变，你就会发迹了。"老人说完就走了。早上天亮时，张良拿出那本书来一看，原来是《太公兵法》(辅佐周武王伐纣的姜太公的兵书)! 张良十分珍爱它，经常熟读，反复地学习、研究。

十年过去了，陈胜等人起兵反秦，张良归附于沛公，根据《太公兵法》经常向沛公献计献策，不仅是运筹帷幄、决胜千里的军师，也成为万世留名的一代贤侯。

【分析】这是一个动人的传说，也是一个经典的礼仪案例。像我们一样的年轻人张良，之所以能有这样好的际遇拜到一位改变他一生命运的老师，不是靠机灵取巧，也不是全凭运气，他的特殊之处正是他良好的教养，良好的礼仪风范。从在桥上给一个素不相识的老人捡鞋、穿鞋，到连续的白来，最后拜成了老师，这样的成功看似巧合，实际上并不是巧合，而是一直以来知书达理、敬老尊贤这样的良好礼仪修养的直接结果。有人说："意外常出于一时的疏忽，但疏忽来自平日的习惯。"我们也可以认为好运气是因为机缘巧合，但能有这样的机缘也是因为平日的习惯。古代是这样，现代仍然如此。有一个良好的礼仪风度，是我们在社会中立足、发展、成功的必要条件。

讨论：同学们，如果你是张良，你会去第三次吗？为什么？

(二) 知识的熏陶

渊博的学识，影响着风度的深度，它是心灵丰富性的标志。知识与才智是双胞胎，知识的基础过于薄弱，就不会有智慧的闪光。学识越渊博，才智越高，越是风度翩翩。

体现学识的魅力，并非一定要接受高等教育，获得硕士、博士头衔。知识的花蜜，既在书本中，也在生活中。上知天文，下知地理，知识面越广，文化层次越高，谈吐也就越风雅。

只要我们充实自己贫乏的大脑，培养高尚的情趣，内秀必定会转化为外美，知性美会代替浮光掠影的外在美，修养在不知不觉中拥有，风度在一言一行中体现。

(三) 仪态的美化

风度之美来自深刻的内涵，又来自合乎规范的、得体的仪态。仪态美是风度的美丽包装。

仪容打扮要注意淡雅自然，不要过于华丽和浓妆艳抹。衣着尽量做到美观新颖、朴素大方、典雅和谐，给人以雅而不俗、新而不奇、美而不奢之感。根据自己的爱好和审美情趣去选择精美、雅致的服装，以充分表现自己的个性与气质。不同季节、不同场合，服装要随之而变；要适度，掌握分寸，恰至好处，才能显出内在的修养气质。

举止要大方典雅。培养自己无论走姿、站姿、坐姿都要端正洒脱、绰约多姿，给人展示美的魅力。既不要缩手缩脚、拘泥古板，也不要不拘小节、随随便便。

在公众场合，特别要注意讲究礼貌与礼节。礼貌在先，礼节周到，彬彬有礼，避免失态。情感表露要自然，符合身份。谈吐文雅，落落大方，自然轻松。只要我们分清对象、区别场合、注意方式，自然就能从容、灵活，以相应的仪态处之，显示出风度魅力。

四、高雅气质的养成

气质也是一种美。我们看电影，经常听到人说："××演员差劲，气质不行。""××演员不错，把气质都演出来了。"这里的气质，就是具有艺术美感。

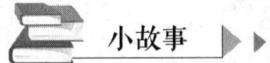

伏尼契的名著《牛虻》的主人公亚瑟，年轻时长得很美，不过有些"娘娘腔"，高中时，他曾向女同学琼玛求爱，结果遭到她的拒绝。多年后，亚瑟从拉丁美洲回来，这时，他已改名牛虻，是个职业革命家，尽管他的脸上有刀疤，腿也瘸了，但琼玛却发现他比当年的亚瑟美得多，而且后悔当初没有接受他的求爱。其实，从人的容貌上看，无疑是亚瑟比牛虻长得更美；但是从人的气质来看，牛虻更有个性、更有男子汉魅力，这就是琼玛之所以爱牛虻而不爱亚瑟的原因。

美丽的容颜、入时的服饰、精心的装扮，能给人以炫目的美感，但这种外在美毕竟短暂浅显。而气质风采，则逐日增辉，即使容颜褪尽，它仍会存在，这才是一个人的真正魅力。

气质的魅力，可以通过人的风度、性格、智慧等表现出来。气质的魅力从风度美中渗透出来，可以给人一种独特感；气质的魅力从性格美中渗透出来，可以给人一种刚柔感；气质的魅力从智慧中渗透出来，可以给人一种睿智感。

气质如同璞石，可雕可琢，未有尽时。然而气质也有稳定性，伴随人终生。

每个人都可能通过塑造自己的个性来开掘自己的气质美，增加吸引别人的气质魅力。青年中职生、大学生正处在这种气质的开掘塑造时期，不仅对现在人际交往有着重大意义，也对今后人际交往影响深远，因而培养职业学校学生高雅的气质十分重要。人的气质魅力主要表现在三个方面。

（一）性别魅力

1. 男性的气质

男性的气质特点就是沉稳、刚毅、执着、豁达、豪放、爽朗、乐观、粗犷、坚韧、威严、大胆、果断、博大、深沉等，具有特殊的力量感。

2. 女性的气质

女性的气质是最优秀人品的集中体现，即道德、情操上的高尚的最高体现。其前提是要有崇高的生活理想。女性的命运不应决定于男性，而应取决于她自己的努力、她的内在力量以及她的才能发挥的程度。

（二）性格魅力

每个人都有自己的性格。十全十美的个性是不存在的。鲜明的个性，即长处甚至是短处十分明显的个性，它犹如一杯浓咖啡，虽然有些苦口，却很提神。平淡的个性，则是长处、短处都不明显的个性，它犹如一杯淡茶，品不出多少味道。性格和个性鲜明的人，虽有自己的弱点，但与性格和个性平淡、优缺点都不明显的人比较，常常更引人注目，更容易激发别人与之交往的热情。

（三）性情魅力

性情与性格有联系，也有区别。如果说性格主要是指人的行为倾向，那么，性情主要是指人的情感倾向。情绪稳定，性情开朗、热情待人的学生，总是比较容易找到朋友，因为多数人都喜欢从交往对象的情感反馈中获得安全感、尊重感和愉悦感。性情暴躁、多疑、偏狭的学生，很少宾客盈门，就因为这种性情太缺乏吸引人的魅力了。伟大的情怀，孕育了周恩来总理温雅谦逊的风度；坦荡的胸襟，滋润了宋庆龄典雅端庄的风韵；高尚的品德，陶冶了焦裕禄、雷锋、孔繁森们忠勇赤诚的风采，这些都应该是我们学习的榜样。

气质的陶冶不是朝夕可就的事，它依助于知识的汲取、意志的锻炼、视野的开拓、生活的丰富。但是，气质美又是可以雕琢的，只要愿意付出相应的努力。

课题二　基本素质

一、政治思想素质

政治思想素质是指一个人的政治观、世界观、人生观和价值观。职业学校学生同样应通过正面教育，提高政治辨别力和敏锐性。学生要坚持接受爱国主义教育，懂得关心国家的前途和民族的振兴，增强社会责任感。学生还要具备良好的社会公德和公民意识，养成符合社会文明准则的行为习惯，在面向社会的过程中，能够自重、自爱、自强、自立，成为对社会有益的人。职业学校学生应该具备爱祖国，爱人民，爱劳动，爱科学，爱社会主义的道德品质，树立社会主义道德观念，自觉遵守社会公德、职业道德、家庭道德的规范、准则。

二、科学文化素质

科学文化素质是国民素质的重要组成部分。社会主义市场经济要求职业学校学生具有合理的知识结构，掌握自然科学、社会科学方面的基本知识，在学习和掌握各类知识的同时应该注重自身智力水平的培养，把科学知识和实践相结合。在实践中把知识融会贯通，找出自己的不足和差距。这就要求学生有正确的学习动机和强烈的学习兴趣，掌握科学的学习方法，形成良好的学习习惯；还要求学生有稳定的注意力、细致全面的观察力、巩固持久的记忆力、丰富与立体的想象力构成的基本学习品质结构。只有这样，当学生走出校门时，才能充满自信，从容面对社会市场经济的发展和变化，跟上时代的步伐，引领潮流。

三、身心素质

心理素质在人才素质中是唯一具有能动性的因素，它作为一种精神载体，在社会文化素质的形成过程中起着中介和基础的作用。不论知识的获取，还是品德的形成，无一不以认识情感等基本的心理过程和性格等个性心理特征为基础。学生应具备良好的心理品质、健康的人格和个性，能自我调节心理情绪，对生活中的成功、挫折具有较强的心理适应性和心理承受力，特别是理性地面对失败、挫折，这应是当代人必须具备的基本素质之一。

从个体心理品质角度看，心理素质主要包括气质、性格、意志等几个方面。职业学校学生所应具备的心理素质主要体现为：敢于决断的气质，即遇事要勇敢果断地处置，积极面对，不能回避问题；竞争开放的性格，即要有开放的心态，宽阔的胸襟；坚韧不拔的意志，即要具备不怕挫折与失败，而百折不挠的毅力。

健康的体魄也是适应日趋激烈的社会竞争的必备条件。只有具有健壮的身体，才能抵抗疾病，才能担当繁重的工作，经受各种艰苦环境的考验。所以学生应珍惜生命，热爱运动，掌握基本健康知识，养成良好的生活习惯，保持良好的体能和健康的体质，以适应快节奏的现代社会。

四、能力素质

能力是知识的发挥和运用。知识的积累并不等同于能力的增长，要将学到的知识转化成能力，需要付出巨大的努力。所以要求同学们在完成学习任务的前提下，应该培养自己具备社会需要的实际应用能力。

（一）创新能力

创新能力是一种最基本的能力。其主要内容是：

(1) 洞察力。即敏锐、迅速、准确地抓住问题要害的知觉能力。勤于实践和思考，有助于锻炼这种能力。

(2) 预见力。这是一种超前把握事态发展的能力，它以对事物发展的正确认识，对现实性与可能性关系的辩证分析为基础。

（3）决断力。即迅速做出选择，形成方案的意志力，缺乏果断的意志就不可能有任何创新。

（二）应变能力

这是一种在事物发展的偶然性面前善于随机处置的快速反应力，是创新能力的一个重要表现。对职业学校学生来说，主要是根据客观情况变化能随机应变地适时调节择业行为能力。现代社会是复杂多变的，要适应这种状况，保证自己从学校到社会顺利过渡，就应该提高自己的社会应变能力。学校教育是基础教育、通才教育。走上工作岗位后，有些知识用不上、有些不够用、有的要从头学起，这就要求刚走上工作岗位的毕业生根据工作的需要去调整自己的知识结构、能力结构及行为方式，尽快培养自己的社会应变能力。

（三）动手能力

这就是把创造思维变成实际的物质成果，或是用生动形象的实践过程呈现创造性思维的转化能力。学生应充分利用实习和勤工俭学机会，将自己所学的知识应用于实践，从而将所学的知识真正转化为实际操作能力，提高自己的动手能力。

（四）交际能力

交际能力是指妥善处理人与人之间的关系，并与他人和谐共处、共同发展的能力。生活、工作中需要与许多人交往，这就难免发生矛盾。学生只有具备人际交往能力，善于处理各种人际关系，才能在工作中充分施展自己的才能。在人际交往中，要以我们民族善良、诚实的传统美德来善待他人，"将心换心""以诚相待"，学会尊重他人；要换位思考，多为他人设身处地着想，这样才能得到他人尊重；要学会能干大事，又能干小事的本领；学会处理具体问题时既坚持原则又不失灵活。

（五）表达能力

这是以语言或其他方式展示自己思想感情的能力，它是交流思想、交流感情的基础性素质，又称为语言文字沟通能力。表达能力包括口头表达能力和书面表达能力。口头表达能力要求语言的流畅性、灵活性和艺术性，书面表达能力要求文句的逻辑性、艺术性和条理性。

五、职业素质

职业素质主要包括三个方面的内容：业务技能、职业道德、敬业精神。

业务技能是构成职业素质的首要因素。它是指人们从事一定工作要求具备的技术能力的综合。这种能力一般是来自受教育的程度、工作经验和就业后的各种专业技能的训练。业务技能水平的高低是一个人实现自我价值和为社会做出贡献的最基本的条

第四单元 职业学校学生的修养与礼仪

件。具备岗位相应的职业技能，要求从业者自觉地、持之以恒地钻研本职业务，并不断地学习新技术、新技能，不断地学习新的科学知识。

职业道德是衡量一个人工作态度的职业规范。各行各业以条文为基础的规章制度对每个人的限制是有限的，不足以适应不断提升的职业化需求，所以各行各业不得不将职业道德作为完善职业功能的重要规则。它要求就业者必须信守对所从事的工作的承诺，保护商业机密。一个不遵守职业道德或不完全信守职业承诺的人，无论其职业技能有多高，都不能成为较有素质的职业人。

敬业精神表现为优秀的从业者在不计较报酬的前提下自觉自愿地付出个人的智慧和超越承诺的劳动的行为。具有敬业精神的人往往是不仅仅为了获得报酬而付出劳动的人，他们更注重的是成就感、事业心的满足和在工作中追寻生命价值的体验和生活的乐趣。没有一定程度的业务技能和不受职业道德规范约束的人是不能达到这种境界的。

课题三　基本修养

一、加强道德修养，提高思想境界

职业学校对于学生来说是全新而陌生的环境，在这里，学生要实现人生的一次跨越，实现角色的一次转变。在美丽的校园，有慈爱而学识渊博的教师，有卓越而底蕴深厚的文化。在这样的环境陶冶下，要掌握好做人这一大学问，以德为先，真正提高自己的思想道德修养，把自己塑造成道德高尚、思想先进的高素质的职业学校学生。

二、明确人生目标，树立远大抱负

理想和信念是人生的精神支柱。站在新的起跑线上，只有志向远大、富有理想的人，才能抓住机遇，扬帆远航，开创人生的辉煌。正如李大钊同志所说："青年人在临开始行动前，应该确定方向。若是方向不定，随风飘转，恐怕永无成功之日。"如果失去目标、缺乏动力，就会浅尝辄止、徘徊不前。同学们风华正茂，要志存高远，通过艰苦的努力使自己成为对人民和社会有用的人。

三、培养自信、乐观、豁达、合作的品格

现实生活中，信心一旦与思考相结合，就能激发出无限的智慧和力量，成为成功路上制胜的法宝。"天行健，君子以自强不息"，作为职业学校学生应该具有一种自信、乐观、豁达的精神面貌。只有以饱满的热情，拼搏的精神，务实的行动不断地面对新的挑战，才能赢得成功的未来。同样，合作精神必不可少，它既是一种品质，也

是一种境界，是成功必不可少的条件。要互相学习，取长补短，少一点清高，多一点合作；少一点孤傲，多一点交流；少一些苛求，多一些宽容。

四、养成刻苦学习、勇于钻研的精神

当今时代是知识经济独领风骚的时代。如果没有与时俱进的学习精神，没有孜孜不倦的学习态度，没有科学合理的学习方法，注定要被时代淘汰。学校不可能为学生提供终其一生的知识，但会提供更加科学的学习方法。所以，学生要学会学习，养成自主学习的良好习惯，尽快实现从被动学习向自主学习的转变。不仅要深入学习本专业的知识，更要广泛涉猎其他学科的知识，博学、慎思、笃学，不断开阔视野，掌握科学方法，培养科学精神，以求知识的不断更新和完善。

案例讨论

科技公司解聘事件

2005年7月，某科技产业有限公司招聘了20名大学生。让人始料未及的是，在随后不到4个月的时间里，该公司陆续解雇了此次招聘的所有大学生。

第一次被公司除名的是两名来自某重点大学的计算机高才生。他们在第一次与客户谈完生意后，将价值3万多元的设备遗忘在出租车上。面对经理的批评，两人却振振有词地说："对不起，我们是刚毕业的学生。学生犯错是常事，你就多包涵吧。"两人终因修养不够、"言多语失"而被开除。

第二次被公司"扫地出门"的是一名本科生，喜欢睡懒觉，上班经常迟到，还在工作时间上网聊天，经多次警告仍置若罔闻，最终被公司解雇。

另有3名大学生因"张狂"而被"卷了铺盖"。他们在与客户吃工作餐时，夸夸其谈，大声喧闹，弄得客户和公司领导连交谈的时机都没有。席间，更有一名男生张嘴吐痰，一口痰刚好落在了客户的脚边，惊得客户一下子从凳子上跳了起来。该男生却像什么事都没有发生一样继续吃饭。结果可想而知。

最让人难以接受的是，有一次，公司老总带领公司员工到外地搞促销，在海边租了一套别墅，有20多间客房，但员工有100多人，很多老员工甚至老总都只能睡在过道上。而有些新来的大学生却迅速给自己选定好房间，然后锁上房门独自看电视。这些学生好几次走出房门看见长辈睡在地上，竟都视而不见，不吭一声。此事又让几名大学生丢了饭碗。

最后被开除的是一名男生，他没与对方谈妥业务就飞到南京，让公司白白花了几千元的飞机票。当领导问及此事，他却不依不饶："我没错，是他们变卦，你是领导我也不怕！"他被开除后，邀约两名同事一起走；接下来，3人又从公司里拉走了几个人。

就这样，3个多月下来，20名本科生全都离开了公司。

【分析】学生进入社会以后，面临着角色转换、人际关系、为人处事等多方面的考验。学生要得到用人单位的认可，修养和学识缺一不可。从此案例可以看出一些问题，学生仅凭在校时所学的专业知识是远远不够的。缺乏起码的修养，做事缺少分寸，处处以自己为中心的人进入社会定会处处失败。

讨论：如果你是本案例中的一名员工，遇到这样的状况，如何应对？

课题四　礼仪培养与提高

一、职业学校学生礼仪培养的目的

（一）提高职业学校学生的职业道德

一个人在事业上要想获得成功，必须具备良好的职业道德。在商业和服务行业中，优质服务是职业道德的核心，优质服务在许多方面是通过礼仪表现出来的。如一位美容师，虽然掌握了娴熟的技能，但对顾客冷漠高傲，就是缺乏应有的职业文明服务意识、缺乏职业规范化的表现。从业者素质直接关系到企业的形象与档次，而礼貌服务是客人最直接的精神感受，也是从业者为客人提供优质服务的标志之一，所以，进行礼仪教育可为学生走向社会、走向工作岗位打好基础。

（二）提高职业学校学生的综合素质

在急剧变革的21世纪，工作环境、人际环境、思想环境的动态变迁和国际化、开放化的社会环境的形成，对职业人才的适应能力、合作能力、公关能力和交往能力等提出了新的要求，这就需要提高学生的综合素质。在现代社会，礼仪作为一种行为规范，体现着对他人的敬意和尊重。

礼仪教育能够规范和约束学生行为，教给学生为人处世的道理，建立良好的人际关系，完善健康的心理素养。素质是人的深层次品质，它是在知识的传授、能力的训练、思想品德的教养以及环境的熏陶过程中潜移默化而形成的。职业学校承担着为社会培养合格后备军的任务。职业学校通过对在校学生进行礼仪教育，使学生在校期间接受礼貌仪表、待人接物的常规教育，养成良好的行为方式和习惯，同时也促进学生职业责任感、荣誉感和内心职业信念的形成。

（三）提高职业学校学生的交往能力

良好的心理素质与人际交往技巧不是与生俱来的，只有在社会化过程中不断地接受系统训练和多参与社会实践，才能在实践中提高，在锻炼中成长。人与人之间的交际实际上是一种应酬活动，应酬最基本的是讲礼貌，懂礼节。应酬要适用于人们的共同心理需求，满足对方的某种需要，不管是陌生人的首次接触，还是熟悉人的深入交往，都应努力营造一种轻松、热情的氛围。社交活动是一个人维系正常生活所必需的，善于社交的人会赢得人们的尊重和喜爱。

对学生进行礼仪教育，可以提高他们的交际能力，使之恰当地按礼仪规范参加社会活动。这对加强校风建设，完善学生自我形象，改善人际关系有重要作用。

总之，对社会而言，礼仪是用以沟通思想、交流感情、表达心意、促进了解的一种方式，是社会交往中不可缺少的润滑剂和联系纽带。对个人而言，礼仪是一个人思想水平、文化修养、交际能力的外在表现。

二、学习礼仪的方法

（一）推动礼仪学习的三种力量

良好的社交礼仪、规范的处事行为并非与生俱来，要靠后天的不懈努力和精心教化。可以说，礼仪由文明的行为标准真正成为个人的一种自觉、自然的行为是一个渐变的过程，而完成这种变化则需要有三种不同的力量，即个人的原动力、教育的推动力和环境的影响力。

1. 个人的原动力

个人的原动力也称为个人的主观能动性，是人的行为和思想发生变化的根本条件，也是个人提高自身素质，形成良好礼仪风范的基本前提。作为社会个体，每个人只有不断完善自身的思想意识，才能发挥自己的主观能动性，自觉抵制失礼行为，使礼仪规范深植人心。所以说，礼仪修养的形成需要个人的原动力，需要个人的自律精神。

2. 教育的推动力

教育使人知书达理。古人以"玉不琢，不成器；木不雕，不成材"来说明教育对人的重要性。教育的这种神奇功力，对个人礼仪的培养与形成也有必不可少的作用。个人礼仪的教育就是培养人们提高对礼仪的认识、陶冶讲究礼仪的情操、锻炼讲究礼仪的意志、确立讲究礼仪的信念以及养成讲究礼仪的习惯。教育者对受教育者的引导、指点和言传身教是至关重要的，它能使受教育者从中得到真正的感悟，进而提高受教育者自身内在的素质。

3. 环境的影响力

认识社会，不能离群索居。个人行为的变化、个人礼仪的形成，除了自身的主观能动性和教育的推动力外，还要受到个人所处的社会环境的影响。

"近朱者赤，近墨者黑"，正说明社会环境条件与个人思想、行为的变化密切相

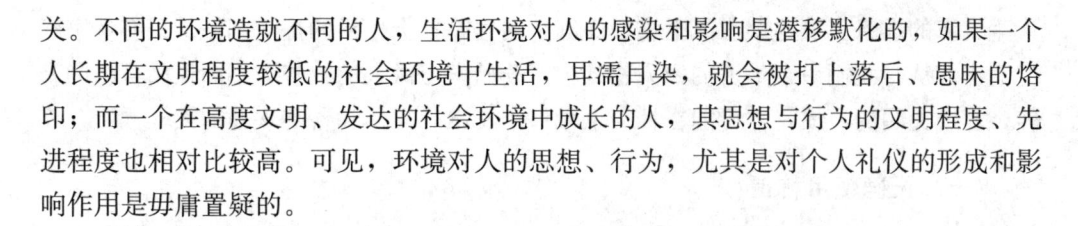

关。不同的环境造就不同的人，生活环境对人的感染和影响是潜移默化的，如果一个人长期在文明程度较低的社会环境中生活，耳濡目染，就会被打上落后、愚昧的烙印；而一个在高度文明、发达的社会环境中成长的人，其思想与行为的文明程度、先进程度也相对比较高。可见，环境对人的思想、行为，尤其是对个人礼仪的形成和影响作用是毋庸置疑的。

（二）训练礼仪修养的途径

个人礼仪修养的形成，必须通过恰当的途径来达到。在这个过程中，值得强调的是以下几点：

首先是通过学习书本知识获得。书本知识是我们获取礼仪知识的重要渠道，对个人礼仪的形成有着至关重要的作用。个人礼仪的形成如积跬步而行千里，积小流而成江河，只要坚持努力就一定达到。其次是坚持实践。个人礼仪的形成、个人行为的变化，除了自身的主观努力和坚持不懈的学习外，关键是坚持实践，身体力行。在生活中，我们会受到所处环境的影响，但一定要有辨别是非的能力，要按照个人礼仪的标准来严格要求自己。

总之，对于礼仪的学习，可以利用图书资料、广播电视、教学函授，系统地、全面地学习；可以向老师、培训专家、礼仪顾问等专人，在礼仪方面确有经验或学有所长者学习；更应该将知识运用于实践，不断地在交际实践中学习，这是学习礼仪的最佳方法。

课题五　家庭礼仪

一、家庭礼仪概述

所谓家庭礼仪，指的就是人们在长期的家庭生活中，用以沟通思想、交流信息、联络感情而逐渐形成的约定俗成的行为准则和礼节、仪式的总称。家庭礼仪在现代社会生活中发挥着重要的作用，是维持家庭生存和实现幸福的基础，家庭礼仪能调节家庭成员之间的关系，也有助于社会的安定。

家庭礼仪的基本特点主要表现在以血缘关系为基础，以感情联络为目的，以相互关心为原则，以社会效益为标准四个方面。

根据家庭礼仪的这些特性，我们可以看出家庭礼仪的内容总的来说有家庭成员间礼仪、亲友间礼仪、邻里礼仪等几方面的内容。

二、家庭成员间的礼仪

家庭是我们人生的第一个港湾，我们在其中受到孕育，受到庇护，并开始了航行人生大海的准备。从这个意义上讲，家庭生活也是社会生活的提前训练。只有从家庭生活中，从与我们最亲最近的家人相处中，开始学习做人的礼貌，不断提高自己的修养，养成文明的习惯，才可能在社会上做一个文雅、得体和备受欢迎的人。

（一）正确使用称谓

要讲礼貌，首先要正确称呼家庭成员，不能不加称呼"喂喂喂"地叫，更不能随便起绰号或直呼名字。按照我国的传统习惯，称人，即称呼自己谈话所及的对象，在家庭或至亲之间比较简单，通常都随俗称，如称父亲、母亲、表兄、表弟，等等。自称，即在谈话对象面前称谓自己。家族中的称谓本书在第四单元课题一已有介绍。

（二）尊敬老人

尊敬老人表现在同老年人谈话要毕恭毕敬，语言文明；作为晚辈应细致入微地给予老人照顾和关心，真心实意地敬重老人，生活上扶持，精神上体贴慰藉；回到家中应先到祖父母房间问安，帮助其做些小事，或者聊聊天；吃饭时应先扶老人入座，恭恭敬敬地上碗筷，用餐时加以照顾；节假日陪老人去公园、影院或探亲访友；在走路、坐车、入室、入座、上楼、进电梯等场合更要精心照顾，必要时予以搀扶。

总之，想尽办法使老人充分享受晚年天伦之乐，这是做晚辈的孝敬之心，也是检阅家庭、社会文明程度的标尺，检验家风和个人修养的标尺。

（三）孝敬父母

对父母的关心要以关心来回报。首先要尊重父母，对父母的关心和帮助要表示感谢，此外，还要做到以下三点。

1. 勤向父母问候

在家里，子女向爸爸妈妈勤问候，是尊重和体贴他们的实际表现。父母工作劳累之余，说一句"爸爸妈妈辛苦了"；早上起来时道早安，晚上入睡前道晚安；父母生病的时候，在端药送水，尽心照顾他们，同时，应加以劝慰、问候；过新年时向父母祝贺新年；在父亲节、母亲节，父母生日和结婚纪念日时，专门向他们表示祝贺；出门之前要告知，并道"再见"，回到家里也要主动告知。

2. 体贴关怀父母

（1）主动承担家务。同学们在家里应该主动地帮助父母做一些力所能及的家务活儿。如洗刷碗筷、收拾房间、买东西、倒垃圾等，减轻父母的负担，体现对父母的关心、孝敬。

（2）体贴理解父母。晚辈要理解、体贴父母、长辈，尽可能帮助家长排解苦闷和麻烦，要懂得不能因为自己的琐事让他们增加烦恼；晚辈要懂得生活的艰辛，懂得生活上要尽量节俭，决不能讲究吃穿，随便索要零花钱；当受到父母的批评责备时，要

第四单元 职业学校学生的修养与礼仪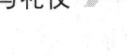

体谅父母的苦心，谦虚地接受教诲，多听建议，克服自己的缺点，而不是顶嘴争吵。如果觉得父母说错了，应该通过在事后进行真诚的交流来解决问题。

3. 正确规劝父母

世间最美满的家庭也难免存在矛盾，遇到父母闹矛盾，子女最重要的是当好中间人。在父母的争执中，子女处在一种特殊的地位，具有其他家庭成员无法替代的优势。当父母争吵时，我们应该保持冷静的头脑，绝不可以意气用事，无原则偏袒，指责另一方，而要"一碗水端平"，实现等距离"外交"，不火上浇油。

父母吵架后一般会出现三种情况：其一，双方僵持，这时应立即做好劝说工作，很容易使双方和解；其二，吵架后，双方都感到后悔，但出于自尊，都羞于主动启口和好，做子女的应创造各种机会让双亲言归于好；其三，一方想和好，另一方却怒气未消，子女要及时将一方急于和好的心情进行传递。

三、邻里礼仪

常言道："远亲不如近邻。"邻里之间的团结互助、和睦相处是家庭礼仪规范的一项重要内容。

（一）尊重邻里

长年与邻里相处，见面要热情打招呼，问好，诚心诚意尊重对方。邻居有了困难要主动帮助解决，遇到危险、灾难要勇于出面相救；遇到邻居有喜庆事宜，应热情祝贺。

（二）邻里之间互谅互让

一要严于律己，多为他人考虑。如夜深了不宜将音响设备开得太大声，不宜放声高歌等。

二要宽以待人。若是邻里在某些方面有失礼之处，要予以谅解，非不得已时不要出面干涉，即使是善意提醒也要语气和蔼，好言好语。

每逢过年过节应该互相拜访。有了好吃的食品也不妨邀请邻居一同品尝。遇上公益之事应该抢在前头，主动为大家服务。

（三）邻里相处五忌

一忌以邻为壑。有些人心眼小、私心重，在生活中总怕邻居沾了自己的光，反过来自己却总想瞅机会沾别人家的光，甚至明里暗里做些损害邻居利益的事。二忌"各扫门前雪"。在邻里交往中，持这种态度的人不在少数，以为邻居间避免矛盾的办法就是少掺和，自家管自家最好。三忌在邻居间说长道短，拨弄是非。邻居交往，所谈多是家常琐事，稍不注意，就会扯到邻居的长短是非上来，这是邻里团结的一个很大

107

威胁。四忌无端猜疑。有时候，邻里纠纷倒不是有人挑拨产生的，而是纠纷的一方无端猜疑导致的。五忌自以为"常有理"。邻里交往中发生矛盾，应多做自我批评，但有些人总喜欢指责别人，总觉得自己正确。

总之，与邻里相处要以他人利益为重，相互间真诚相待。

课题六　学校礼仪

一、与老师交往的礼仪

尊敬师长是中华民族的传统美德，也是不同学校对学生最基本的要求之一。

（1）尊敬老师，遇见老师主动停下，微微鞠躬问好，面带微笑，语气要真诚；遇见两个以上的老师，可以说"老师们好"，不必一一问好，既简洁，也避免冷落某位老师。

（2）进出校及上下楼梯要给老师让行；老师进入学生宿舍，应主动站起问好让座，老师离开时起身送出。

（3）进老师办公室时要敲门或喊"报告"，听到"请进"后方可进入。向老师提问要用"请问"，老师答后要道谢；若老师在办事或与别人在交谈，不可随意打扰老师，应站立一侧，等老师办完事或谈完话后再找老师。在老师的办公室里，不随便翻阅老师的东西；离开时要说"再见"，并向办公室内其他老师致敬；尽量不要在办公室逗留太长时间，以免影响老师的办公和休息。

（4）与老师交谈时，应起立并主动给老师让坐，不可老师站着而自己大大咧咧地坐着。对老师要说实话、真话，不欺骗老师。服从老师管理，不顶撞老师。虚心听取老师的教诲，接受师长的教育。若要指出老师的错处，应有礼貌，态度谦和。

（5）珍惜老师的劳动成果，按时完成老师布置的各项任务。

二、与同学交往的礼仪

同学间应友好相处、互相团结、互相帮助，这是与同学交往的一个基本准则。

（1）要尊重别人，注意礼貌。同学之间也要使用礼貌用语，与同学说话态度要诚恳、谦虚。语调要平和，听同学说话要专心，不轻易打断别人的话。

（2）向同学借东西，要先征得同学的同意。对同学的东西要特别爱护，且按时归还。

（3）不在同学面前说长论短、搬弄是非。不斤斤计较，对同学的过失或冒犯要宽宏大量。讲究信用，答应别人的事要尽力办到。

（4）不要给同学取绰号。有些同学利用他人的生理缺陷等乱给别人取绰号，或嘲

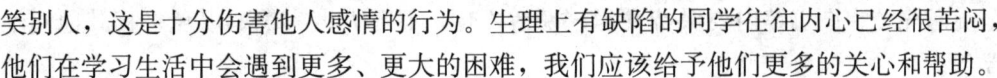

笑别人，这是十分伤害他人感情的行为。生理上有缺陷的同学往往内心已经很苦闷，他们在学习生活中会遇到更多、更大的困难，我们应该给予他们更多的关心和帮助。

三、课堂礼仪

（一）上课前

上课前，同学们应提前五分钟进入教室坐好，等候老师的到来。良好的教室气氛，既能为老师创造好的教学气氛，同时也能促进师生间的关系。做好课前的准备，既是尊重别人的表现。也是尊重集体的行为。

如果有特殊原因迟到了，到教室门口后要停下来喊"报告"，得到老师的允许后才可进入。走到自己座位时，速度要快，动作要轻，尽快拿出书本做好上课准备，不可有其他与上课不相干的举动。准备好后，要尽快集中注意力到老师的讲课上。总之，要将自己迟到对课堂的影响降到最低。

（二）上课时

上课时要遵守课堂纪律，积极发言，不做与本堂课无关的事情。

老师提问是课堂上老师验收讲课效果的最佳办法，同学们应积极配合。在老师提问时，同学们如要回答，应举手示意，老师点到名后，应起立回答，不可坐在位子上随便插话。起身回答老师问题时，态度要严肃，说话要清晰，语速适中。

如果老师的提问自己不知道如何回答，但又被点到名字，亦应站起来，向老师致歉，并实事求是地说明自己对这个问题不太清楚或没准备好。

在别人回答老师的提问时，不要随便插话，即使别人所说与自己的意见不同也应听他把话说完；如果觉得别人的回答不正确，也不可肆意嘲笑。

四、其他场合礼仪

（一）升降旗仪式的礼仪

举行升旗仪式时，所有的在校生都要参加。一般学生以班级为单位，集合在操场上，面向国旗致敬。在整个升降旗的过程中，同学们必须肃立端正、态度庄重、保持肃静。

当听到"升国旗、奏国歌"时，要立正、脱帽、行注目礼。降旗时亦然。唱国歌时要严肃，声音要洪亮。在升降旗的过程中，队伍要保持整齐，切忌随意走动、嬉笑谈天和东张西望。

（二）在图书馆的礼仪

图书馆是同学们在校查阅资料、借阅图书的地方，要遵守特别的礼仪规范。

首先，在图书馆内要保持安静，说话要轻，不可大声言笑，以免打扰其他同学学习。

其次，借阅图书要凭借书证，借书期到后要及时归还，方便其他同学借阅，充分利用有限的图书资源。开架的图书资料，看完后应及时放回原处。

再次，要爱护图书，不可在书上乱涂乱画。自己需要的资料可以抄录下来或者复印，不可随意将书页撕下或"开天窗"。对图书馆内的电子设施也要爱护，要遵守使用条例，服从管理人员的管理。

最后，进入阅览室前应将随身携带的包寄存好。不要在阅览室内抽烟，也不要一个人同时占着几个位子，影响他人使用。

（三）集会礼仪

集会时，提前到达，准时进入会场，列队快、静、齐，并在指定位置坐好。听报告聚精会神，保持肃静，不乱议论，不乱走动。不要在会场吃零食，不乱扔果皮纸屑。报告或演出结束，要鼓掌致谢；精彩之处适度鼓掌，不喝倒彩，不吹口哨，不大声喧哗。会议、演出进行中不擅自离场。演出结束后，等演员上台谢幕后再有秩序地退场。

上台发言时，要向主席台领导和场内同学鞠躬行礼，发言结束后要道谢。

课题七　公共场合礼仪

社会中的每个人在每个公共场合都扮演一定的角色，宴会或活动等不同的公共场合所扮演的角色都是不同的，所要求的穿着打扮也是不同的。因此，在不同的公共场合的礼仪、礼宾及举止应该符合人们的角色期待。

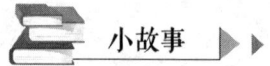
小故事

维多利亚女王有一天办完公事回寝宫时发现寝宫的门被锁上了，她的丈夫在屋内却明知故问："门外是谁？"女王回答说："我是女王"。丈夫没有开门，继续问是谁。女王说："我是维多利亚"。丈夫仍然没有开门。女王想了想又接着敲门，丈夫仍问是谁，维多利亚这次回答说："我是你的妻子"。门终于开了。

【分析】第一次她说是女王，女王是什么角色呢？女王是宫廷上的角色，当她说她是女王的时候，宫廷中所有人都臣服在她的脚下，她先生不满意；第二次她说名字，名字是中性词，谁都可以叫维多利亚，她的先生还是不满意；第三次女王明白了，找准了自己的角色，在她丈夫面前她只是一个普通的妻子，门就开了。

无论身份高低，一个人在什么场合就应该扮演什么角色。人与人之间的交往应该

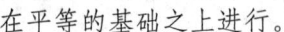

在平等的基础之上进行。

一、公共场合一般礼仪

1. 不随地吐痰

吐痰是最容易传播细菌，影响环境和大家身体健康的行为。如果要吐痰，应把痰吐在纸巾里，丢进垃圾箱，或去洗手间吐痰，不要忘了清理痰迹和洗手。

2. 不要随手扔垃圾

随手扔垃圾是应当受到谴责的不文明的举止之一。垃圾应扔进垃圾桶内，并且要注意区分可回收的垃圾和不可回收的垃圾。

3. 不要当众嚼口香糖

有些人喜欢嚼口香糖，这有益于清除口腔异味，保持口腔卫生。但是，我们也应当注意在别人面前的形象。咀嚼的时候要闭上嘴，不能发出声音。正式场合不要嚼口香糖。嚼完后应把嚼过的口香糖用纸包起来，扔到垃圾箱内。切勿将口香糖随地乱吐或粘在公共设施上。

4. 不要当众挖鼻孔或掏耳朵

有些人习惯用小指、钥匙、牙签、发夹等当众挖鼻孔或者掏耳朵，这是一个很不好的习惯。尤其是在餐厅或茶坊，别人正在进餐或饮茶，这种不雅的小动作往往令旁观者感到非常恶心。

5. 不要当众挠头皮

有的人头皮屑较多，往往在公众场合头皮发痒而忍不住挠起头皮来，顿时皮屑飞扬四散，令旁人大感不快。头皮屑较多的人还应随时注意自己的着装。有些人的肩膀上经常会有一些头皮屑落在上面，尤其深色衣服，格外明显，会给旁人一种很不整洁的印象。

6. 不要当众打哈欠

在交际场合，打哈欠给对方的感觉是：你对他不感兴趣，表现出很不耐烦。因此，如果控制不住要打哈欠，一定要马上用手盖住嘴，说"对不起"。

二、特定公共场合的礼仪

（一）乘坐公共交通工具的礼仪

1. 乘坐公交车及地铁的礼仪

公交车及地铁是我们大多数人日常出门最常使用的交通工具，乘坐时要遵守社会公德，注意一些基本的礼仪规范。

(1) 上车时要主动购票。乘地铁时在闸机口要排队。

(2) 不要在车厢内饮食。在车厢内聊天或接电话要注意音量适中，不要大声喧哗，更不可在车上打打闹闹。

(3) 应主动给老幼病残孕等弱势群体让座。现在很多公交车上都设有老幼病残孕的专座，遇见这类乘客或有抱小孩的乘客时，应主动让座，必要时还要搀扶一下，以免在颠簸的车内发生意外。

(4) 一般乘坐公共交通工具的人比较多，尤其是上下班的高峰时期，车厢内拥挤，乘客之间应互相体谅，下车时应提前换到车门附近，路远的乘客应尽量往车厢内站，不要堵塞车门，影响别人下车。车上难免有碰撞的时候，不小心碰到或踩到别的乘客时，多使用"对不起"之类的敬语，得理的一方应谅解别人的无心之过。

2. 乘坐火车的礼仪

火车站的人流更加庞大，所以，如果是在较大型的车站上车，应提前半个小时左右到达，以方便检票。上车后要按车票上的车厢号及座位号对号入座。火车的车厢内一般是禁烟的。大多数火车旅程都较长，乘客在车厢内吃东西的时候也要注意卫生，不要随地乱扔垃圾。乘务员会定时来清扫车厢，大家应予以配合。火车车厢内会设有公共洗漱台，因为火车的供水非常困难，所以大家应特别注意节约用水，以尽量使更多的乘客可以使用。火车上的卫生间是男女一起用的，大家应按顺序自觉排队等候使用。使用时要注意保持环境卫生。火车在进出车站时，为了保持车站内的环境，卫生间是禁止使用的。

3. 乘坐飞机的礼仪

飞机场一般都在离市区较远的近郊，个人乘坐国际航班或团体乘客要提前两小时左右到达机场；个人乘坐国内航班也要提前一个半小时左右到达机场；乘坐国际航班的乘客还需要填写出、入境登记，连同有效的护照和签证一起提交机场边防检查站验证。机场对于免费托运的行李有一定的限制，行李中不可以有违禁品或管制物品。

登机后，应在空中小姐的指引下尽快放好随身携带的行李并对号入座。起飞前会有关于航线、紧急事故处理等例行公事的广播，不管是否已经知道，都应认真听一遍，不要大声说话，影响其他乘客收听。飞机上不可以抽烟，飞机起飞及降落时，不得上厕所，将座椅放直、桌板收好，系好安全带。飞机上严格禁用会产生电波的电子产品，如手机等，这是为了防止这些物品发出的电波干扰飞机上敏锐的电子仪器。

（二）使用公共卫生间的礼仪

卫生间是我们使用很频繁的地方，公共场所的卫生间是大家共用的，所以必须遵守礼仪规则，方便下一位使用者使用。

在卫生间有人占用时，应在整排卫生间最靠外处，按先来后到的顺序排队，而不要排在某一间外面等，这样一旦有人使用完毕，排在第一个的自然有优先使用权。

第四单元　职业学校学生的修养与礼仪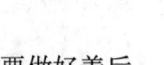

卫生间最重要的就是保持环境的卫生。使用时要尽量小心，使用完毕要做好善后工作，正所谓"来也匆匆，去也冲冲"，以使每一个后来者都能有一个好心情。

（三）超市购物礼仪

进入超市购物，要按规定存包，并且一般超市里是不允许吃东西的，以免发生误会，所以进入时要将未吃完的食品处理掉。购物时，若对已进购的商品感到不满意，应主动将其放回原货架区，不能随意放置。贵重商品应轻拿轻放。超市内的商品不能随意品尝、试用。付账时要自觉排队。所有商品都要付账，不能"顺手牵羊"，占小便宜。超市为了方便顾客购物都备有购物车或购物篮，使用完毕后，应将其放回指定位置，以便工作人员回收。

（四）参观游览礼仪

博物馆、展览馆和一些名胜古迹是人类宝贵的文化遗产。参观游览时要遵守规定，注意礼节。

一般在进入博物馆或展览馆时，要将大件背包、雨伞寄存好，以防不慎刮碰到展览品。场馆内禁烟、禁食，以免污染环境。一般的展览品是不允许用手触摸的，有的也禁止拍照。参观名胜古迹时，切不可乱涂乱画。保护文物是每个公民的义务。

课题八　求职礼仪

21世纪是重视人才的时代，是一个经济高速发展的时代，每个年轻人都有自己理想中的一展才华的工作目标。想要得到某个工作职位，求职是必不可少的一个环节，求职的经历对每个人来说都是一笔宝贵的人生财富。作为学生有必要了解求职礼仪，让自己充分地展示个人才能。

一、面试前的准备

（一）心理准备

良好的心态是求职过程中必不可少的。在面试的时候，要与主考官们面对面地"较量"，必须做好准备。

1. 要全面认识自己

在求职之前应对自己有一个全面的分析和认识，要明确自己的兴趣和专长，进而找出自己的就业方向。比如，自己的外语水平很高，那么可以考虑去外资企业求职。反之，则不要盲目地去外企尝试。在明确了这几点之后，有的放矢地去投递简历，成

· 113 ·

功的机会也会更大一些。

认识自己的过程中，会有"当局者迷"的感觉，这时不妨与身边的人多交流，尤其是父母和老师。在这个过程中，不可回避错误和缺点，要力争做到客观全面。你也可以通过问自己几个问题来认识一下自己。

（1）我所学的专业是什么，我都学到了什么？

在学校里学习的知识和专业在一定程度上是我们就业的一个方向。所以在努力学好课程的同时，我们要善于归纳总结，勤于思考。要将所学的书本知识内化成我们自己的智慧，为自己今后的人生道路多做准备。

（2）我有哪些实战经验？

在校学习期间担任校、班级的干部，社团的成员，或者在课余时间参加的一些兼职，学校安排的社会实践等都是我们工作经验的积累。如果想使自己的经验更有说服力，在校期间就应留心，多参与一些与自己的职业目标相一致的工作，并坚持不懈地将它们干好。

（3）我有哪些潜能？

在做过的事情中，什么让自己觉得是很成功的？通过深入挖掘，可以发现自己的潜能在何处，在求职时可以成为有力的支撑点。

（4）我有哪些缺点？

人无完人，每个人都有自己的长处和短处，关键在于自己能不能正视，不必因为缺点而自卑不愿承认。正视它才能改正它，这样才能有所提高。

作为一名刚刚踏出校门的学生，社会经验方面难免会有所欠缺，关键在于不能不懂装懂，企图糊弄招聘单位。我们要认真地对待，努力克服缺点和提升自我。我们要自信，也要使招聘单位相信"给我时间，我会做得更好"。

2. 要有自信心

有了上述对自己的全面认识之后，对自己的求职方向也应该有了一定的把握。这个时候要做的，就是树立自己的自信心，勇敢地面对求职。

求职时，求职者往往会有一些消极的心理，有的是太自卑了，对自己的能力评价太低，觉得自己哪儿都不行，生怕在别人面前出丑；有的又过于自大，表现欲太强；还有的将求职面试看得过重，心理负担太大。其实，这都是没有必要的。在求职面试之前我们一定要摆好心态，不卑不亢，对自己有信心，尽量发挥和运用自己的优势，相信自己可以战胜目前的困难并能获得最终的成功。

（二）资料准备

1. 求职单位的信息

"知己知彼，百战不殆"，对自己要有清楚的认识，对求职的单位也应做到心中有数才行。在面试之前，应该多了解求职单位的相关信息，比如单位的全称、单位的性

第四单元　职业学校学生的修养与礼仪

质（是国企还是私企，或是外企）、单位的历史、单位的规模及声誉、单位的工作条件及单位的整体福利待遇水平等。对求职单位了解得越多，心里就越能有把握，知道自己努力的方向。

2. 简历

个人简历是向求职单位介绍自己的一个最重要的背景材料，一定要简明扼要、准确无误，切不可弄虚作假。书写个人简历要遵守一定的礼仪规则。

首先是简历的内容。简历一般应包括以下几个方面的内容。

（1）个人基本信息。其主要是姓名、性别、籍贯、民族、政治面貌、联系方式、地址等。尤其是联系方式，一般应提供最方便找到你的方式，以免因为这一点疏忽而错失良机。

（2）受教育程度。一般只要提供自己的最后学历即可，主要是说明所学专业、主修课程、学习成绩。如果曾获得特殊的荣誉和奖励，也可列出。

（3）工作经验。应届毕业生可提供一些在校担任学生干部或社团成员的工作经验。

（4）特殊技能或特长。这里包括英语等级证书、计算机水平证书、音乐体育方面的特长。

（5）求职意向。这里主要是简单概括一下你的求职方向和兴趣所在，也可表达一下你对工作的热情和愿望，简要地强调一下你胜任该工作的优势，但不要过长。

其次是简历在书写时的礼仪规范。

（1）准确客观。简历的书写切忌说假话空话，一定要实事求是。诚信是最基本的道德准则，一定不要在此时以身试险。书写时要字迹工整，最好采用打印稿，切忌错字、别字。

（2）简洁明确。简历在书写时要简明扼要，重点突出，切忌长篇大论。所谓简历，一般不要超过两页纸。

（3）应聘者的学历证明、各种等级证书、荣誉证书等可作为附件，放在简历的后面，一般是复印件。

（4）在书写简历时要避免使用鉴定式的评语，措辞要客观、谦虚。

3. 求职信

求职信其实就是自荐信，关键在于介绍自己的同时，让用人单位产生兴趣，最终为自己赢得工作。求职信一般包括求职者的应聘原因、个人基本信息、求职的愿望和要求、联系方式等。

求职信的写作包括：

（1）标题。即"求职信"或"自荐信"。

（2）称谓。即你对于收信人的称呼。可以写上公司的名称，但不可是简称。如果知道对方的职务，可以在姓名后加上其职务，但不可用"叔叔""伯伯"之类的称呼，过于亲密，也显得不成熟。

（3）正文。这是求职信的主体。在此要写明求职的原因、学历等必要内容。对于在校学生，可以附加一些曾经的实习或社会实践的经验，这样可以使用人单位了解你。和简历一样，求职信的内容也要尽量突出自身条件中与用人单位要求相一致的地方。在介绍完自己以后，还要注意表达你的求职热忱，强调你对于进入用人单位的愿望。

（4）结束语。它主要是表达两点：一是希望得到面试的机会，二是要体现必不可少的礼貌。

（5）落款。它包括签名和日期。这里要注意的是，如果求职信是打印稿，落款最好是自己的亲自签名，并写清日期。

求职信的书写还应该注意的是，篇幅不要过长，内容要简明扼要，重点突出，针对性要强，要表达出你对应聘职位的浓厚兴趣。此外，求职信一定要实事求是地书写，要恰如其分地表达，不能虚夸，谦虚的分寸要掌握得当。

（三）其他准备

俗话说"人靠衣装"，得体大方的形象也是求职面试的一个关键点，所以在这之前也要做好形象上的准备。良好的形象既能从一个侧面反映自己的内涵，又能体现对用人单位的尊重。

第一，无论你选择什么样的服饰，都要本着整洁、大方、自然、和谐的原则，不要选择样式古怪或邋遢的衣服。基本上，男士可以选择深色的西装，配白衬衣，系颜色协调的领带，皮鞋一定要光亮。女生可以穿套装或裙装，不要穿低领衣服或紧身的衣服。总之，无论选择什么样的衣服，都要能恰到好处地体现你的气质与修养。当然，所应聘职位的不同也是选择服饰时要考虑的因素。

第二，面试时，发型也要注意。男士以短发为宜，这样显得精神；女生的发型也不能过于新潮，最好不要让头发遮住你的脸。另外，女士可以画淡妆，但化妆品及香水的味道不能过浓，也不要抹颜色鲜艳的指甲油，指甲最好不要太长，同时尽量不要戴过多的饰物。

二、面试过程中的礼仪

良好的开端是成功的一半。有了求职面试前的一系列充足准备，才可能赢来一次面试的机会，所以在这样一个时刻的礼貌礼仪，更值得重视。

首先，在参加面试时守时是必要的。一般而言，应提前5至10分钟到达，以便调整状态，以最佳的精神面貌步入面试现场。而且你也可以有足够的时间去填写一些表格之类的资料，熟悉一下环境，可以与接待者或同来面试的人有一个简单的交流，但切忌大声喧哗。此外，就是耐心等待，听从面试现场工作人员的安排，按顺序去面试办公室。注意去参加面试时，不要让家长或同学陪同入内，这样会显得你很不成熟，应该独自进入面试单位的大楼。

其次，进屋时要先敲门，在得到允许后才能进入。进屋后，不能随便入座，要等接见者允许后才能坐下，并且应坐在接见者指定的位置上，如未指定，应坐在接见者的对面。同时不要乱放自己的外衣、皮包等物品。

再次，与考官打招呼一定要使用礼貌用语，并做好开始的自我介绍。可以在参加面试之前与同学或家长做几次演练。说话时除了要用普通话外，还要注意尽量避免一些口头禅之类的话语，如"这个……""呃"，这会显得你很紧张；在表达意见的时候，不能总是以自我为中心，可以使用诸如"我很同意您的观点""我很愿意为您效劳"之类的话来与考官沟通；谈话时，语速不宜太快，注意简洁。

整个面试的过程中，要坐有坐相，注意自己的"身体语言"。比如，应全身放松，以免肌肉紧张僵硬。可以适当改变你的坐姿，来调节自己的情绪。要避免目光的游离，否则可能会让人觉得你这个人不老实。但是目光的交流并不是让你直勾勾地盯着对方，交流的诀窍是将目光集中在对方眼睛与鼻子之间的三角形位置内。这样会令人觉得你对他的话十分重视。例如，当你说"我真的想得到这份工作"，你可以微斜着头，然后展示一个非常诚恳的微笑。手部动作不能幅度太大，移动双手时，确定手离开身体的距离不超过肘部的长度。要让双手成为好帮手。当然，不要将拳头握得太紧，否则会给人很紧张的感觉。至于腿部的姿势，二郎腿是万万要不得的。但也不需要像小学生似的直板的坐姿。总之，要在整个面试的过程中，展现你的活力与才能，紧张和松散都是要不得的。

最后，考官示意面试结束时，要及时停止说话，起身站好与考官握手，表示感谢。离开之前要把桌椅还原，然后再从容地步出面试现场，转身轻轻关好门。如果考官没有示意，自己也应视面试的情况应变处理，在适当的时候结束面试。

当离开面试单位时，还应记得对其他招呼你的工作人员表示感谢。

三、面试后的礼仪

参加面试的两至三天以后，可以主动给面试单位发感谢函，如果想打电话询问面试的结果，也应先表示感谢。如果面试单位在面试时通知"会在一周内给你答复"也没有关系。主动地联系既表示了对面试单位提供面试机会的感谢，同时也表达了自己对"希望被录用"的强烈愿望，可以加深面试单位对你的印象。但是不论是发感谢函还是打电话询问，均以表明自己的态度为主，不可追问得过急。如果仍未得到答复，就不宜再三询问。

另外，每一次的面试都是一次经验的积累。无论成功与否，都应端正自己的心态，不骄不躁，更不能气馁。要好好总结面试的经验与教训，为以后的机会做好准备。

附一：面试常见试题

- 个人特质——个性、优缺点、协调性、领导力。
- 志愿动机——行业、公司、工作性质。
- 生活观——爱好、习惯、休闲、运动。
- 求学经过——学业、社团、打工、人际关系。
- 时事与常识——经济、政治、环保、教育。
- 前景职业观——休假、加薪、晋职、加班、出差、跳槽。

附二：受欢迎的人格特质

诚实、守信、正直、合群、开朗、乐观、自信、幽默、体贴、积极、冷静、坚忍。

单元练习

1. 职业学校学生应该具备哪些素质？
2. 培养个人礼仪修养的方法有哪些？
3. 简述加强个人礼仪修养的重要意义。
4. 怎样养成良好的风度气质？
5. 学生出入老师办公室应注意哪些礼仪？
6. 与同学交往时应注意什么？
7. 在公共场合应注意什么礼仪？
8. 下列行为有哪些不合礼仪之处，应如何改正？

（1）东东到同学家做客时，吃过水果后没找到垃圾桶，悄悄地将果皮放到了茶几下面。

（2）明明在姨妈家住了几天，把姨妈家翻了个底朝天，走的时候一句话也没说。

（3）高先生到邻居家做客，吃过晚饭后大过烟瘾，使邻居呛得咳嗽不止。

（4）小海带同学到家里来，并直接将其带到自己的房间，对坐在客厅的父母未做任何介绍。

9. 案例分析。

王峰在大学读书时学习非常刻苦，成绩也非常优秀，几乎年年都拿特等奖学金，为此，同学们给他起了一个绰号"超人"。大学毕业后，王峰顺利地获取了在美国攻读硕士学位的机会，毕业后又顺利地进入了美国公司工作。一晃8年过去了，王峰已成为公司的部门经理。今年国庆节，王峰带着妻子、女儿回国探亲。一天，在大剧院观看音乐剧，刚刚落座，就发现有3个人向他们走来。其中一个边走边伸出手大声地叫:"喂!这不是'超人'吗?你怎么回来了?"这时,王峰才认出说话的人正是他的高中同学贾征。贾征大学没考上,自己跑到南方去做生意,赚了些钱,如今回到上海注册公司当起了老板。今天正好陪着两位从香港来的生意伙伴一起来看音乐剧。这对生意伙伴是他交往多年的年长的香港夫妇。

此时,王峰和贾征彼此都既高兴又激动。贾征大声寒暄之后,才想起了王峰身边还站着一位女士,就问王峰身边的女士是谁。王峰这才想起向贾征介绍自己的妻子。待王峰介绍完毕,贾征高兴地走上去,给了王峰妻子一个拥抱礼。这时贾征才想起该向老同学介绍他的生意伙伴。大家相互介绍、握手、交换名片和简单的交谈后,就各自回到自己的座位上观看音乐剧了。

请问:上述场合中的见面礼仪有无不符合礼仪的地方?若有,请指出来,并指出正确的做法是什么。

第五单元　服务礼仪

学习目标

知识目标：了解服务礼仪的概念、准则，掌握服务礼仪的基本要求、具体内容和基本规范，明确服务礼仪的重要性。

素质目标：培养服务意识以及在服务方面的基本素质。

能力目标：提高为客人提供良好服务的能力。

技能目标：掌握迎宾送客等方面的技能。

基本概念

服务礼仪　服务礼仪基本要求

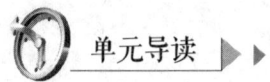 单元导读

学习服务礼仪的目的在于培养学生的服务意识、和谐精神、谦逊态度和严谨习惯。通过介绍服务礼仪的概念、范畴、准则以及基本规范，让学生明确服务礼仪的重要性，熟悉一些主要服务行业对服务礼仪知识的具体要求，掌握服务礼仪的具体操作规范。

课题一　服务礼仪概述

一、服务礼仪的内涵

学习服务礼仪知识不仅有助于塑造良好的形象，还有助于提高综合素质。职业学校学生若想尽快提高职业水平，提高社会交往、待人处事以及择业的能力，就必须重视服务礼仪的学习。

（一）服务礼仪的内容

1. 道德思想

要加强世界观和人生观改造，加强思想品质和职业道德的培养，使所提供的服务是发自内心的、真诚的奉献。

2. 语言修养

应使用文明礼貌用语，尽量提高个人谈吐修养和口头表达能力。

3. 表情训练

开展文明优质服务，不仅要强调语言文明，还必须强调表情优雅。优质服务所要求的表情必须以微笑作为最基本的内容，辅之以温柔、和气、谦逊和真诚。表情优雅是一种后天的气质，是靠经常训练得来的。

4. 姿态矫正

服务人员要随时注意自己的站、立、坐、行的姿态，使其尽量符合端正、大方、文明、优雅的标准。

5. 服饰

服饰打扮要整洁、得体、朴实、大方，有条件的要做到统一着装，要杜绝一切不得体的服饰打扮。

6. 礼仪禁忌

针对上述五个方面可能发生的不文明行为，我们需要特别注意。它包括的内容很多，主要有职业道德方面的禁忌，如要忠于职守、恪守信用、不得歧视客户、不得违反承诺等；服务语言方面的禁忌，如不得使用任何不文明语言、避免"服务禁语"的使用等；服务态度方面的禁忌，如要对客户热情谦恭、主动周到、耐心细致，不得与客户发生任何形式的争执等；职工仪表方面的禁忌，如女职工不准浓妆上岗、男职工不留长发、不蓄胡须等；服务质量和效率等方面的禁忌，如达不到上岗标准不准上岗，必须按规定时限办理每项业务等；服务纪律方面的禁忌，如不得泄露客户的秘密，不得怠慢、顶撞和刁难客户，禁止酒后上岗等。

服务礼仪是一个人综合素质的体现。提高服务礼仪水平，需要以全方位提高综合素质为基础。

（二）服务礼仪的实质

1. 服务礼仪的基础是知识素养

正如人们所说"知识可以弥补外表的缺陷，美貌却永远无法弥补知识的缺陷"，服务礼仪作为人的一种内在素质的自然流露，知识素养是它本质的基础。因此，作为一名服务人员，只有注重平时自身知识素养的全面提高，才能从内而外地自然流露出良好的服务礼仪。

2. 热爱礼仪服务事业，培养礼仪服务精神

好的服务源于内心的热情，只有一个对礼仪服务事业充满激情与热爱的服务人员，才能自然而然地将自己的工作热情表露给顾客，才能为顾客提供良好的礼仪服务，才能由始至终地在服务工作中表现出良好的精神风貌。

3. 掌握从事礼仪服务工作所需要的文化基础知识、专业技术知识和操作技能

有的人认为礼仪服务工作是"花瓶"，只要外表光鲜就可以了。这是对礼仪服务工作的巨大误解。在很多情况下，礼仪服务工作除了要求服务人员有良好的外形和仪表，还要求服务人员具有相应的文化基础知识、专业技术知识和操作技能。也只有具备以上这些知识和技能，服务人员才有可能为顾客提供优秀的服务。

4. 具有适应礼仪服务工作所需要的仪表

在一些特殊场合中，某些礼仪服务工作对于服务人员的仪表和体质有一些具体的规定和要求。这就要求提供礼仪服务的工作人员在工作中注意劳逸结合，注重自己的仪表和体态，衣着得当，打扮适宜，大方端庄，时刻保持饱满的精神状态。

二、服务礼仪的养成

职业学校开设服务礼仪课程，是加强职业学校学生思想品德教育的一条不容忽视

的重要途径。具体地说，主要表现在培养职业学校学生的服务意识、和谐精神、谦逊态度、严谨习惯四个方面。

（一）培养服务意识

礼仪既体现社会公德的精神，又体现职业道德的精神，因此，从一定意义上说，它体现了一种服务的精神。从社会公德的角度看，礼仪的道德本质是"仁爱"，要求我们发扬助人为乐的精神，多为他人着想，多给他人帮助；从职业道德的角度看，任何职业的从业者都要在自己的岗位上为客户提供优质的服务，这就要求他们在服务时遵守礼仪的规范。

（二）培养和谐精神

制定礼仪规范的目的是培养一种和谐的人际关系，从而保持社会的稳定有序。礼仪的规范要求人们在社会交往中要有礼有节，友善相处，求得"人和"；要顾全大局，化解矛盾，求得"和谐"。倘若人们都加强礼仪修养，讲究礼尚往来、和睦相处，就会使人际关系更加融洽，使生存环境更加宽松，从而营造和谐友善的氛围。因此，我们进行礼仪教育时，要帮助服务人员正确地理解礼仪规范的目的和作用，坚持和谐的原则，培养和谐的精神；要帮助他们学会合作共事，协调关系，共同发展；要帮助他们保持宽容的心态，把礼仪作为增进感情的催化剂，学会以情动人、以情感人，通过增进友谊来加强团结和协作。

（三）培养谦逊态度

谦逊原则是礼仪的一条基本原则，它要求人们在社会交往中保持谦逊的态度，虚以处己，尊重他人。在人际交往中，傲慢的言行和轻蔑的态度通常被看作缺乏教养、没有礼貌的表现。无论是传统礼仪还是现代礼仪，都要求我们培养一种谦逊的态度。从内容到形式，礼仪都体现了一种谦逊的特征。所以，我们在接受礼仪教育时，要科学地认识谦逊的态度在人际交往中的重要作用，真正懂得"敬人者，人恒敬之"的道理，在实际生活中做到自谦和尊他，建构一种谦逊、有礼的融洽关系。

（四）培养严谨习惯

礼仪是一种行为规范，其中蕴含着一种规矩意识，蕴含着一种严谨的精神。讲礼仪就是要讲规矩，就是要培养严谨的习惯。庄重是礼仪规范对人的仪态和容貌的基本要求，而严谨的作风和严谨的习惯，就是庄重的具体表现。在社会交往中，严谨是指对人彬彬有礼，做事认真，言谈举止不轻浮、不随便、不浅薄。严谨是规矩的表现，是稳重的表现，是诚信的表现，当然也是遵守礼仪规范的要求。学会沉静养性、沉稳处事，做到静如松柏、严肃端庄，从而培养严谨的工作作风、生活作风，养成严谨的社会交往习惯。

三、服务礼仪的学习方法

为了更好地发挥服务礼仪课程学习的作用，应该根据职业学校学生思想品德教育的要求和礼仪课的特点，采取切实有效的措施。具体地说，要善于把礼仪教育与人生观、价值观、职业观、纪律观教育结合起来。

（一）把礼仪教育与人生观教育结合起来

所谓人生观，就是人们对人生目的、人生意义和做人的标准等问题的根本观点和态度。确立科学的人生观，是职业学校学生思想道德教育的核心问题。礼仪规范中蕴含了许多与人生观紧密相连的思想内容。如服务意识，说的就是人生的目的和意义问题，反映了一个人活着就要为社会、为他人做贡献的人生观。因此，在服务礼仪教育中，我们要从礼仪规范所体现的尊重他人的服务精神入手，理解人生的目的是为人民服务，人生的意义是为社会做贡献，做人的标准是做一个纯粹的人、高尚的人、脱离低级趣味的人、有益于人民的人，从而牢固树立全心全意为人民服务的思想观念。

（二）把礼仪教育与价值观教育结合起来

所谓价值观，就是人们对于各种事物、行为、现象的意义或价值的认识和观点。正确的价值观是人们进行价值判断和行为选择的重要尺度，价值观教育是职业学校学生思想道德教育的重要内容。礼仪规范中也蕴含了一些与价值观紧密相连的思想观念，如和谐精神，说的就是和谐关系对于人和社会的发展的意义，它是人们对于"和谐"的价值的认同，代表了一种"和为贵"的价值观。

所以，在礼仪教育中，我们要从礼仪规范所体现的和谐精神，从传统文化的"和为贵"的价值观入手，理解和谐是一种秩序，协作是一种美德，懂得"团结就是力量""团结出凝聚力、团结出生产力、团结出战斗力"的道理，从而牢固树立团结和谐的思想观念。

（三）把礼仪教育与职业观教育结合起来

所谓职业观，就是人们对于职业意义、职业要求、职业规范的观点和看法。科学的职业观是人们选择职业、做好本职工作的思想基础，职业观教育也是职业学校学生思想道德教育不可缺少的内容。现代礼仪中的道德观念，体现了社会公德与职业道德的统一，特别是职业礼仪规范中蕴含着对职业的认识和从事本职业的要求。如工商行业的诚信为本、顾客至上的要求，教师职业的教书育人、为人师表的要求，都体现了对职业人员的思想道德素质的要求。因此，我们在礼仪教育中，要从职业礼仪规范所体现的职业精神和职业道德要求入手，正确认识自己未来职业的意义，树立科学的职业理想；理解未来职业的道德要求，掌握未来职业的行为规范，加强职业道德的修养。

（四）把礼仪教育与纪律观教育结合起来

所谓纪律观，就是人们对于纪律的作用、意义、要求的基本认识和观点。纪律是某个团体、组织、单位为维护自身的团结统一、提高运行效率而制定的约束所属成员行为的规范和要求。纪律观教育是任何一个人学习和工作的重要条件，也是职业学校学生思想道德教育的重要内容。纪律规范与礼仪规范有着密切的联系，从一定的意义上说，一个行业、单位提出的礼仪规范，也是这个行业、单位的纪律规范；礼仪规范所体现的那种严谨的习惯和作风，也是遵守和执行纪律的必要条件。所以，在职业学校礼仪教育中，我们要从礼仪规范所体现的严谨作风入手，科学地认识遵守纪律的重要性，正确理解一定的行为约束的必要性，从而自觉地学习和执行纪律，提高思想素质。

课题二　服务礼仪准则

一、服务礼仪的基本要求

服务礼仪主要包括两个方面的内容：语言修养和非语言（形体语言）修养。

（一）语言修养

"言为心声"，有声语言是人们在交往过程中表达情意的工具。语言的美与否，直接关系到思想感情的表达、交流的完美与否。一个现代化的服务人员必须具备良好的语言修养，准确地把握语言的技巧，要努力使自己的语言完美化，使服务对象对我们的服务感到满意，从而树立起良好的"服务礼仪形象"。语言修养主要有以下几点要求。

1. 语言规范

在服务工作中，应使用普通话来接待客人或顾客，因为使用普通话可以准确、快捷地把需要的信息传达给对方。不要因为使用方言而使别人听不懂，耽误对方的宝贵时间，甚至使对方产生误解，从而引起不必要的矛盾和冲突。

2. 语言表达恰当、准确

一个出色的服务人员不仅需要掌握好本岗位的专业知识，还应具备较强的语言表达能力及高水平的沟通技巧。在与客人或顾客沟通时，应学会认真倾听。对对方的疑问能够快速反应，并能简洁、精确地做出回答，切忌语言烦冗、啰嗦，甚至语无伦次，答非所问。

3. 语言礼貌，敬语准确

语言礼貌，是指语言和气、文雅、谦逊、好听，并能给人以尊敬、温暖、愉悦、鼓舞和力量，它能显示一个人强烈的道德感和高尚的思想情操。

在服务工作中，我们应当将敬语"您好""请""对不起""不客气""谢谢""您走好"等常挂嘴边。这些语言看似简单、极为普通，但所起到的作用却不简单。面对客人，轻轻一声"您好"可使双方距离拉近；一句"您请"并伴以由衷的微笑，会使对方内心充满亲切和温馨；一个"谢谢"或"对不起"，会促进双方相互的尊重和理解。

4. 句式选择得当

服务人员提供服务的过程中，一般应多用陈述句和一般疑问句，少用或不用祈使句和反问句；多用委婉征询语气，少用或不用命令式语气；责己不责人，尽量把责任揽给自己。例如，在图书馆里，见到一位未换阅览证而直接入室选刊的同学，图书馆馆员应提醒道："您好，您是否忘记换证了？"一句一般疑问句既得体又礼貌，对方也乐于接受，并易于迅速改正。相反，如果我们的馆员声色俱厉地质问道："没换证不许进来，换证去！"这种命令式的语气就会显得粗俗生硬、极不礼貌，对方就不易接受，并产生强烈的不快，有时甚至会导致矛盾冲突。

5. 辅助语言和类语言适当

辅助语言和类语言是有声语言的辅助修饰成分。辅助语言包括声音的音调、音量、节奏、变音转调、停顿和沉默等；类语言则是指那些有声而无固定意义的声音，如呻吟、叹息、叫喊和碰撞声等。

人们常说："听话听音，锣鼓听声。"在服务工作中有声语言的辅助语言和类语言在服务人员和顾客之间的互动过程中有着非常重要的作用。由于说话者的声调不同，同一句话的语义就可以迥然相异。还以图书馆为例，在读者借还中，如果我们的图书馆馆员平静地说："请把书递给我。"它给读者以平和的感觉。但若以埋怨的语调说："把书递给我！"则表现出图书馆馆员极不耐烦的工作态度。

对于和顾客直接接触的服务人员，其辅助语言和类语言的使用方式直接影响着彼此间关系的发展。比如，在图书馆里，图书馆馆员在接待读者时宜用低声调、小声音和慢节奏的辅助语言，即使是对那些违反图书馆规章制度的读者（如损坏或污损图书等），也应该用低声细语的音调、柔和的语气、缓慢的速度进行耐心地说服教育。相反，如果直接大声呵斥，只会适得其反。

（二）非语言（形体语言）修养

研究非语言沟通的心理学家梅拉比通过实验得出结论：在信息传递的全部效果中，55％靠无声语言，38％靠的是声调，而真正的有声语言的效果只占到7％。由此可见，非语言修养在人际交往中有着举足轻重的作用。想要树立良好的"服务礼仪形象",非语言修养不容忽视。

1. 衣着得体

一个人的衣着是其修养和文明程度的外在标志。服务人员的衣着整洁、典雅、得体,对顾客具有导向和潜移默化的影响。不修边幅、衣冠不整、蓬头垢面,也会带来许多负面影响。衣着要与年龄、职业、身材、肤色、场合及个人内在的素质配合得恰到好处,才不至于失去生活的融洽性和协调性。

2. 仪表大方

如果一个服务人员仪表端庄、气质高雅、学识渊博,并做到有问必答、笑脸相迎、主动服务,且能够在接待中处处让人感到深刻的文化底蕴,那么顾客就会愿意与之交谈,交朋友,接受帮助,从而更好地进行双方的合作。

3. 举止文明

在工作中,服务人员应注意服务行为中的每一个动作的礼貌性,态度温和,行为端正。

4. 心境良好

服务人员在服务工作中要始终保持良好的心境。这些良好心境,来源于自身虚心的态度、准确的职业定位、真诚加智慧的修饰、丰富的经验,等等。具有良好的心境,就会有温文尔雅、平心静气、和蔼可亲的态度,而且仪表风度也越显得自然,而不是矫揉造作。有良好的心境,在矛盾出现时,就可以平心静气,理智地去解决。

二、服务礼仪建设的具体内容

(一)服务理念的人文化

礼仪的理念之一是"互动",它要求人们在交往中充分考虑交往对象的感受,并力求以对方为重,因此可以说,良好的服务意识实际上就是"互动"这一礼仪基本理念的具体体现。"一切为了顾客""顾客至上"是服务工作的宗旨,是服务事业永恒的主题。没有了顾客,机构和企业就失去了存在的根基和发展的可能,其服务功能和生存价值就无所附着。服务工作的实质是从人的服务到服务于人,如此周而复始的良性循环过程。了解顾客需求,满足顾客需求,就要求服务人员不仅要深刻理解"顾客是上帝",更要在服务过程中真正将顾客奉若神明,主动接近顾客,善于沟通交流,提高服务功能和服务效率,以智取胜,实现双赢。

(二)服务礼仪的人情化

圆满地完成服务工作,建立完美的礼仪文化形象,离不开高素质的服务人员。服务是一种文化,微笑是服务的通行证,实行微笑服务是对服务人情化的完美诠释。它

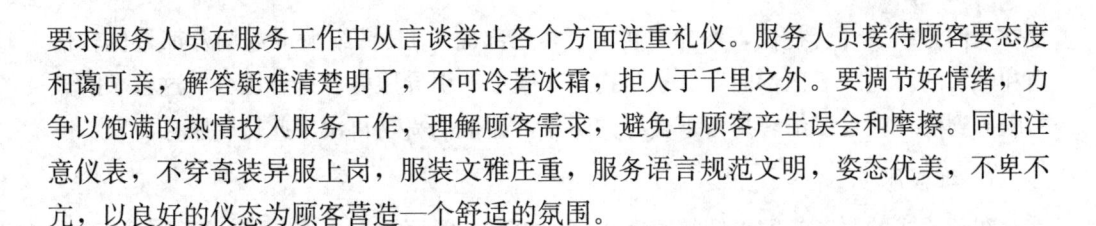

要求服务人员在服务工作中从言谈举止各个方面注重礼仪。服务人员接待顾客要态度和蔼可亲，解答疑难清楚明了，不可冷若冰霜，拒人于千里之外。要调节好情绪，力争以饱满的热情投入服务工作，理解顾客需求，避免与顾客产生误会和摩擦。同时注意仪表，不穿奇装异服上岗，服装文雅庄重，服务语言规范文明，姿态优美，不卑不亢，以良好的仪态为顾客营造一个舒适的氛围。

（三）组织领导的理性化

领导是一种行为和影响力，这种行为和影响力可以引导和激励人们去实现组织目标，是在一定条件下实现组织目标的行动过程。组织领导者要加强自身素质的锻炼，多读书勤思考，修身养性，提高个人魅力，善于使用各种非职务因素，努力增加自身的亲和力和凝聚力，以自身榜样的力量带动整个组织共同进步。

领导的过程既要理性，也要讲究方法和艺术，大处着眼，小处入手，关心下面服务人员的疾苦，了解他们的需求，从职称、职务、薪酬、住房、培训、升迁等方面为他们提供便利，帮助他们规划和开发职业生涯，建立和完善激励机制，发掘服务人员的潜力，发挥他们的聪明才智，努力营造一个人人爱岗敬业、个个乐于奉献的良好环境，以理性化的领导过程形成充满生机活力的礼仪文化建设基地。

（四）团队建设的现代化

所谓团队是指具有不同心理特征的人所组成的人群组织。一个好的团队需要有各种能力、各种性格的人，才能取长补短、互相配合。现代化的团队建设能够把满足个体需要和达成组织目标完美地结合起来，其主要功能就是执行组织任务和满足团体成员需要。任何一个团队如果能同时达成这两项目标，便是成功的团队。

在当代人的意识之中，一个人的个人形象美与不美、礼仪是否规范，不但是其自身修养与品位的问题，而且还可以被视为所在群体或组织文明水准的反映。故此需要团队内部事事有标准，人人有标准，有章可循，照章办事，注重礼仪建设，创立温馨环境。

三、服务礼仪的基本规范

服务是企业和员工的天职，而服务礼仪是服务人员服务精神的自然流露。服务人员要树立这样的意识：服务并不是做给别人看的，而是自己的需要；高尚的生命情操要求自己时时刻刻把服务做好，提供良好的服务实际上就是肯定自己生命的价值。有这样的服务精神，服务人员就能自觉做好迎宾、引导和送客等各个环节的礼仪，给顾客最为温馨的享受。

（一）迎宾送客的服务礼仪

服务本身有区别性，一种服务标准不能满足所有的顾客。但是，在接待客户的场合中人们总结了一套礼仪,称为"迎宾送客三部曲",其在绝大多数场合都是比较恰当和贴切的。这个"三部曲"分别是指迎宾服务、引导服务和送客服务。这三个阶段的服务到位,就可以给客户留下美好的印象,让他们喜欢再次来此接受服务。

1. 迎宾服务

在开放式的服务空间中迎接宾客,例如酒店、餐厅、销售网点等,要记住"五步目迎,三步问候"的原则。目迎就是行注目礼,迎宾的人员要专注,注意到客人已经过来了,就要转向他,用眼神来表达关注和欢迎。注目礼的距离以五步为宜,在距离三步的时候就要问候"您好,欢迎光临"等。

2. 引导服务

在引导顾客的时候,有一系列细微的肢体语言礼仪。礼貌的服务和明确的引导手势,会让顾客感觉贴心。引导有标准的礼仪手势,手不是完全张开的,虎口微微并拢,平时手放在腰间。

在引导过程中,女性的标准礼仪是手臂内收,然后手尖倾斜上推示意"请往里面走",显得很优美;男性服务员要体现出绅士风度,手势要夸张一点,手向外推。同时,站姿要标准,身体不能倾斜。引导顾客上楼,手要向上指引,眼神也要看到手指向的方向,然后再拉回来跟客户说明要去的办公地点所在楼层,要走的方向或者搭乘电梯的位置。引导的礼仪动作要配套、完整,仪态优美,声音悦耳,使人感受到服务人员内在的精神和热忱,这样会令顾客感觉良好。

3. 送客服务

送客的礼仪同样也很重要。送客的时候有规范的要求,要使用发自内心的敬语,诸如"谢谢您的光临,请走好"。还要用肢体语言表示感谢,鞠躬的角度达到30度以表示衷心感激,然后迅速直起身体来,目送顾客离开。

(二)微笑服务

微笑是一种国际语言,是世界上最美妙的语言,它不用翻译,就能打动人们的心弦;微笑是一种艺术,具有穿透和征服一切的能量;微笑告诉顾客他们所到之地充满了友好的氛围。

微笑,对于从事服务工作的人来说,是非常重要的。首先,微笑会带给顾客好心情,营造友好的沟通气氛;其次,微笑能增进顾客对服务人员的好感,进而促进下一步工作的开展。相反,如果顾客本来心情不好,加上服务人员的脸色和态度不好,就很容易发生冲突。一旦发生这种情况,错的永远是服务人员。

许多服务人员是为笑而笑,所以他们在服务工作中,往往表现出一种典型的应付上级检查的勉强微笑,这种"微笑"让人无法亲近。想要学会展示微笑的魅力,就要从口型到眼神、颜面等细节入手。"提升服务品质"已普遍被社会上的各行各业作为赢得顾客的制胜法宝,因此,"微笑服务"是对服务人员的基本要求。

1. 微笑服务与企业形象

微笑服务是塑造企业美好形象的需要，微笑体现企业形象魅力。企业形象的内容很多，包括企业外观形象、产品形象、企业文化形象、领导形象、员工形象、服务形象，等等。它是"在一定时期和一定环境下，公众对企业及其行为所产生的各种感知、印象、看法、情感和认识的综合体现"。广大公众对企业形象的第一印象，一般来自两个方面，其一是以产品形象为代表的企业形象的物质魅力；其二是以服务形象为代表的企业形象的人格魅力。而后者在现代企业营销中尤为重要。

美国有一首名为《好生意》的诗这样写道："人们为什么走过一道门，而去光顾另一家商店？不是因为那里有更好的绸缎、手套或丝带，或更便宜的商品，而是因为那里有愉悦的话语和微笑的眼神。"这首诗生动地描绘了微笑服务对顾客的精神吸引力。

2. 微笑服务与文明公关

首先，公关是现代的文明事业，微笑是文明公关的生动体现。公共关系除了"取悦顾客"的现代营销观念以外，还在广义上作为一种现代文明社会的人际交往关系而流行。在公共关系的社交场合，公关人员彬彬有礼，面带微笑，用文明礼貌的行为，向社会各界公众表示尊敬和友爱，他们以组织代表的身份，将微笑当作礼物，慷慨而温馨地奉送给公众，使公众心里感到亲切和愉快，体验到文明交往的乐趣。

其次，公关是国际性事业，微笑是国际公关的"世界语"。我国实行对外开放政策，企业发展外向型经济，参与国际经济，开展国际文化交流，都极需要发展国际公共关系。而国际公共关系又是一种跨文化传播。信息传播固然离不开语言载体，但非语言传播在不同国度、不同民族间的跨文化传播中显得尤为重要。心理学研究发现，微笑是一种脸语，脸语是人类跨文化的"世界语"，思想家罗曼·罗兰说："面部表情是多少世界培育成功的语言。"

3. 微笑服务与礼仪经商

礼仪经商是商业活动中的成功之道。当消费者走进商店，站在柜台前时，营业员的仪表、表情、态度、语言等对消费者的购买行为有着直接的影响。服务态度好，能促进购买；反之，则会引起消费者反感，因为人是需要受到尊重的。《中国消费者报》等几家媒体对北京四达商场进行综合性消费者评价调查表明，消费者评价商店首先考虑的是商品质量，其次就是服务态度，昔日比较注重的价格因素已经退居在后。

一个营业员，当他面对消费者时如果有着发自内心的微笑，那么他的服务态度和服务质量一定不会差。他在为消费者服务的过程中对自己的劳动能产生美的感受。"微笑服务"提倡的并不只是一种形式，它的实际意义是要建立营业员与顾客之间的情感联系，所以，"微笑"也不是简单的面对顾客时的微笑，它总是体现在营业员对顾客的一切意味深长的服务中。

(三) 服务人员与顾客的空间距离

1. 服务距离

服务距离以 0.5~1.5 米为宜，主要适用于服务人员应服务对象的请求，为对方直接提供服务。

2. 展示距离

展示距离以 1~3 米为宜，服务人员需要在服务对象面前进行操作示范，以便使后者对于服务项目有更直观、更充分、更细致的了解。

3. 引导距离

引导距离以左前方 1.5 米为宜，指服务人员为服务对象带路时距服务对象的距离。

4. 待命距离

待命距离应当在 3 米之外，即服务对象视线所及之处，指服务人员在等待顾客传唤自己为其提供服务时，与对方保持的距离。

四、几种常见行业的服务礼仪

(一) 酒店服务

酒店作为特殊行业，对礼仪有很高的要求。礼仪是酒店服务的支柱，是行业竞争的需要，也是提供优质服务的重要内容和基础，更是评价酒店水平的标准之一。酒店礼仪是通过员工的仪容、仪表、言谈、举止、服务等形式美，使客人怀有宾至如归之感。

相比较而言，服务操作技能易于熟练掌握，而形成习惯的礼仪素养却非一日之功，需要较长时间甚至是不断的训练和陶冶。

(二) 旅游服务

旅游业一出现在人类社会，就面临着如何更好地为客人服务这一根本问题。从服务质量对企业的影响这一角度进行分析，旅游业的竞争实际上就是服务质量的竞争。而礼貌服务则是构成旅游工作者职业道德和服务质量的重要因素。旅游从业人员只有运用自己礼貌的服务态度、专业的服务技巧和能力，使游客了解你、理解你、谅解你，在旅游过程中对服务工作有一种亲切感、温暖感、诚实感、信任感和留恋感，才有可能实现"宾至如归""宾去思归"的旅游工作宗旨。

旅游服务要接待来自各国的旅游者，他们有不同的宗教信仰，不同的风俗和生活习惯。为了做到尊重对方，提供礼貌服务，就必须了解各国的宗教信仰和风俗习惯，了解主要禁忌，服务时尊重客人的风俗习惯，满足客人心理需求，服务质量的提高就有了相应的保证。

在提供旅游服务的过程中，要了解对方的禁忌原则。我国某旅行社在杭州做了一大批纯丝手帕。每块手帕上绣着花草图案，十分美观大方。装在别致的纸盒里，盒上又有旅行社的社徽，是个很像样的小礼品。谁料到，当旅行社的导游翻译把礼品送给刚从意大利到北京的游客时却引来一片哗然，游客们显出很不高兴的样子。原来，在意大利等西方国家有这样的习俗：亲朋好友相聚一段时间告别时才赠送手帕，取意为"擦掉惜别的眼泪"。人家兴冲冲地刚刚踏上中国大地，准备开始愉快的旅行，你就让人家"擦离别的眼泪"，人家当然不高兴。

礼貌修养是一个人道德修养的组成部分，是人们在礼貌方面的道德品质形成过程中能动性的表现，是旅游从业人员的最基本素质。礼貌修养的实质是要求人们通过自己的努力不断地进行磨炼、陶冶，提高对礼貌行为的评价和选择能力，避免不礼貌行为。要在实践中提高礼貌修养，自觉性是最重要的。

单元练习

1. 如何提高服务人员的服务礼仪水平？
2. 职业学校学生学习服务礼仪的重要性有哪些？
3. 礼仪服务包括几个方面的内容？它们具体是如何表现的？
4. 微笑服务的重要性有哪些？如何提供良好的微笑服务？

第六单元　餐饮礼仪

学习目标

知识目标：掌握宴请礼仪、中餐礼仪、西餐礼仪的具体内容。
素质目标：逐步培养就餐时行为、语言、心理等方面的基本素质。
能力目标：提高组织宴请、安排宴会、招待客人的能力。
技能目标：掌握邀请、座次安排、点菜、敬酒等方面的技能。

基本概念

宴请礼仪　中餐礼仪　西餐礼仪

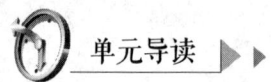 **单元导读**

"食"乃人类生存的基本需求,随着生产力的提高和社会的进步,人们在食的方面,便不再会仅仅要求果腹,还要讲究吃好喝好。由此,食在人际交往中占有了一席之地。在社交活动中,无论自己是主人还是客人,离开了餐饮活动,或是不注重自己在餐饮活动中的表现,都难以取得社交活动的成功。

课题一 宴请礼仪

一、国际上通用的宴请形式

根据不同的交际目的、邀请对象以及费用开支等因素,常见的宴请形式有以下几种。

(一)宴会

宴会是一种比较隆重、正式的宴请形式。在类别上,宴会有国宴、正式宴会、便宴、家宴之分;在举行时间上,有早宴(早餐)、午宴、晚宴之别。不同宴会的隆重程度、出席规格以及菜肴的品种与质量等均有区别。晚上举行的宴会较白天举行的更为隆重。

(二)招待会

招待会是指各种不备正餐、较为灵活的宴请形式。招待会备有食品、酒水饮料,通常不安排座位,可以自由活动。常见的招待会主要分为冷餐会、自助餐会、酒会三种。

(三)茶会

茶会是一种更为简便的宴请形式,大多安排在正餐时间前(下午2—4时,或上午10时左右),请客人品茶交谈。茶会通常不在餐厅,而设在客厅。设茶几、座椅,不排座次。茶会所用茶叶、茶具有讲究,茶具要用陶瓷器皿而不用玻璃杯,用茶壶而不用热水瓶。也可略备些小点心。

(四)工作餐

工作餐是现代交际中经常采用的一种非正式宴请形式,利用进餐时间,边吃边谈

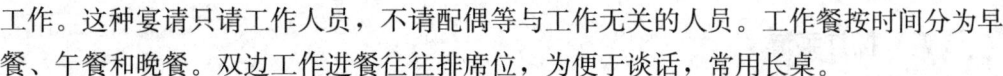

工作。这种宴请只请工作人员，不请配偶等与工作无关的人员。工作餐按时间分为早餐、午餐和晚餐。双边工作进餐往往排席位，为便于谈话，常用长桌。

二、宴请准备礼仪

（一）明确宴请目的、名义、对象、范围和规格、形式

宴请的目的是多种多样的，可以是为某一件事，如代表团来访，庆祝纪念日，展览会开闭幕，工作交流，等等。

宴请名义和对象的确定主要依据主客的身份。大型宴请一般以单位名义发邀请，也可以个人名义发邀请。小型宴请可视具体情况以个人或夫妇名义邀请，工作餐可以单位名义发邀请。

宴请范围是指邀请哪些方面人士出席，请到哪一级别，请多少人，主人一方由谁出面作陪。宴请范围要兼顾诸如宴请性质、主客身份、惯例习俗等多方面因素，在此基础上加以确定。

宴请采取何种形式要视具体情况而定。人数少、规格高的以宴会为宜，人数多则以冷餐或酒会更为合适，以女性为主的活动多用茶会。宴请的形式还要取决于活动目的、邀请对象以及经费情况等因素。

（二）选择宴请的时间、地点

宴请应选择对主客方都合适的时间，尤其宴请外宾时更要注意对方的禁忌，如对方是信奉基督教的人士，最好不要选在13号，更不能在星期五的13号；伊斯兰教在斋日内白天禁食，宴请宜在日落后进行。小型宴请应首先征询主宾的意见，主宾同意后，时间即可最后确定，可以按此时间邀请其他宾客。

宴请地点的选择，官方正式隆重的活动，一般安排在政府或宾馆饭店举行。其余按活动性质、规模大小、形式、主人意愿及实际可能而定。选定的场所要能容纳全体人员，且环境安静、交通便利。

（三）发出邀请

各种宴请一般均发请柬，这既是礼貌，也是对被邀请人起提醒备忘作用。便宴经约妥后也可不发请柬，工作餐一般不发请柬。请柬内容一般应包括活动的主题、形式、时间、地点、主人的姓名等。请柬一般要提前一至两周发出，以便被邀请人及早做安排，已口头约妥的通常还要补发请柬。需要安排座次的宴请，往往要求被邀请人答复能否出席。对此可在请柬上注明，也可在请柬发出后，电话询问能否出席。比较隆重、正式的大型宴会，最好先排好席位，并在请柬下角注明席次号。

（四）拟订菜谱

宴请的酒菜应根据形式和规格选择安排，选菜不宜以主人的爱好为准，应主要考虑主宾的口味和禁忌。如果个别人有特殊要求还应给予特殊照顾。大型宴请更应照顾到各个方面，菜肴的道数和分量要适宜，内容要体现当地特色。如需要，还应印制精美的菜单，一般一桌放置两三份，也可一人一份。

（五）安排席位

正式宴请一般均排桌次和席位，也可只排部分座位，其他人只排桌次或自由入席。席位排定事先均通知每一位出席者，大型宴会还要有人引导，以免混乱。桌次席位安排总的原则是以离主桌位置远近而决定桌次高低，同一桌上席位高低以离主人的座次远近而定。遵循"面门为上，以近为大，居中为尊，以右为尊"的原则。

（六）准备餐具

应根据宴请人数和酒、菜的道数准备足够的餐具。餐桌上的一切用品都要十分清洁卫生。如果是正式宴会，要准备每道菜撤换用的菜盘。中餐应准备筷子、盘、碗、匙、小碟、酱油碟等。佐料应一桌数份。公筷、公勺应备有筷、勺座。其中一套摆在主人面前。餐桌上应备有烟灰缸、牙签。西餐应准备刀、叉、匙、盘等。要注意餐具的不同用法，酒杯要按不同酒种区分。

（七）宴请程序

(1) 迎宾。主人一般应在门口迎接客人，主动招呼问好，表示欢迎，帮助脱、挂衣帽。

(2) 引客入座。引客入座时，按先女宾后男宾，先主宾后一般来客的顺序。

(3) 上菜。正式宴会上，上菜是从坐在男主人右边的女宾开始的，在斟酒、派菜、分汤、送饭时，均按此顺序进行。上菜顺序一般是先上冷盘，再上热菜，最后上甜食、水果等。

(4) 祝酒。如有祝酒和正式致辞，我国一般习惯在热菜之后、甜食之前进行，主人先讲，然后主宾讲，也有一入席即致辞的。冷餐会和酒会的致辞时间较灵活。

(5) 宴会中保持宴会气氛的亲切、热烈。主人掌握宴会气氛，公关人员也要注意不时提出些能引起共同兴趣的话题，避免争论和谈论较严肃的话题。

(6) 宴会结束。吃完水果，主人与主宾起座，宴会即告结束。主宾告辞，主人应送至门口，热情话别。

（八）总结

每一次宴请结束后，组织者最好能及时总结经验和教训。对没有达到预期目的的

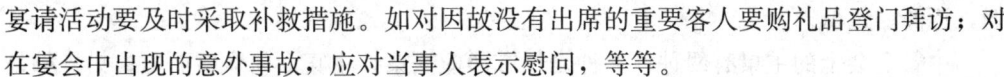

宴请活动要及时采取补救措施。如对因故没有出席的重要客人要购礼品登门拜访；对在宴会中出现的意外事故，应对当事人表示慰问，等等。

三、赴宴礼仪

应邀赴宴时注意以下 17 条礼仪。
（1）认真准备。
（2）按时抵达。
（3）礼貌入座。
（4）聊天时不要过分投入，以致忘情地挥动手上的刀叉。
（5）不可大声与别桌上的人说话，大声谈笑是很失礼的。
（6）一言不发地用餐难免会使同伴以为你对这顿饭"不是很满意"。
（7）嘴里有东西时不要说话。
（8）不要东张西望，老是注意其他桌上的人。
（9）用餐中拨弄头发会给人不干净的印象。
（10）用餐中不可将手肘放在餐桌上。
（11）掉在餐桌上的面包屑不要用手收集或是扫到地上。
（12）打哈欠也是不礼貌的。
（13）打嗝的声音太大是非常失礼的。
（14）不要擅自与同伴交换食物。
（15）取笑他人是非常没有礼貌的。
（16）用餐结束后不可以在座位上用牙签剔牙。
（17）在座位上补妆也是不礼貌的。

课题二 中餐礼仪

中华饮食文化源远流长。在这自古为礼仪之邦，讲究民以食为天的国度里，饮食礼仪自然成为饮食文化的一个重要部分。

中国的饮宴礼仪号称始于周公，经千百年的演进，终于形成今天被大家普遍接受的一套饮食进餐礼仪，它是古代饮食礼制的继承和发展。

一、中餐桌次和座次的安排

（一）桌次的安排

通常，桌次地位的高低以距主桌位置的远近而定。以主人的桌为基准，右高、左低、近高、远低。

中餐宴会上的主桌有两种，一种是长方形横摆桌，主宾面向众席而坐；另一种是大圆桌，圆桌中央设花盘，主宾围桌而坐。主桌的座位应摆放名签。

一般来说，台下最前列的1~2桌是为贵宾和第一主人准备的，一般的赴宴者最好不要贸然入座。

中餐宴会多使用圆桌，如果是多桌中餐，则桌次一般以居中或最前面的桌子为主桌。

（二）座次的安排

首先，以主人的座位为中心，如果女主人参加，则以主人和女主人为基准，近高、远低、右上、左下，依次排列。

其次，通常要把主宾安排在最尊贵的位置，即主人的右手位置，主宾夫人安排在女主人的右手位置。

再次，主人方面的陪客要尽可能与客人相互交叉，便于交流，避免自己人坐在一起，冷落客人。如果碰上外宾，翻译一般都安排在主宾右侧。

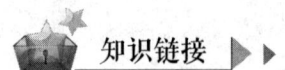知识链接

位序原则

1. 右高左低

当两人一同并排就座时，通常以右为上座，以左为下座。这是因为中餐上菜时多以顺时针为上菜方向，居右者因此比居左者优先受到照顾。

2. 中座为尊

三人一同就餐时，居中坐者在位次上要高于在其两侧就座之人。

3. 面门为上

倘若用餐时，有人面对正门而坐，有人背对正门而坐，依照礼仪惯例则应以面对正门者为上座，以背对正门者为下座。

4. 观景为佳

在一些高档餐厅用餐时，在其室内外往往有优美的景致或高雅的演出，可供用餐者观赏，此时应以观赏角度最佳处为上座。

5. 临墙为好

在某些中低档餐厅用餐时，为了防止过往侍者和食客的干扰，通常以靠墙之位为上座，靠过道之位为下座。

6. 临台为上

宴会厅内若有专用的讲台，应该以靠讲台的餐桌为主桌，如果没有专用讲台，有

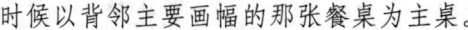

时候以背邻主要画幅的那张餐桌为主桌。

7. 各桌同向

如果是宴会场所，各桌子上的主宾位都要与主桌主位保持同一方向。

8. 以远为上

当桌子纵向排列时，以距离宴会厅正门的远近为准，距门越远，位次越高贵。

安排原则

1. 座位的礼仪

一般的宴会，除自助餐、茶会及酒会外，主人必须安排客人的席次，不能以随便坐的方式，引起主客及其他客人的不满。尤其有外交使团的场合，大使及代表之间，前后有序，绝不相让。

2. 桌次的顺序

一般家庭的宴会，饭厅置圆桌一台，自无桌次顺序的区分，但如果宴会设在饭店或礼堂，圆桌两桌或两桌以上时，则必须定其大小。其定位的原则，以背对饭厅或礼堂为正位，以右旁为大，左旁为小，如场地排有三桌，则以中间为大，右旁次之，左旁为小。

3. 席次的安排

宾客邀妥后，必须安排客人的席次。目前我国以中餐圆桌款宴，有中式及西式两种席次的安排。两种方式不一，但基本原则相同。一般而言，必须注意下列原则。

（1）以右为尊，前述桌席的安排已述及尊右的原则，席次的安排亦以右为尊，左为卑。故如男女主人并座，则男左女右，以右为大。如席设两桌，男女主人分开主持，则以右桌为大。宾客席次的安排亦然，即以男女主人右侧为大，左侧为小。

（2）职位或地位高者为尊，高者坐上席，依职位高低，即官阶高低定位，不能逾越。

（3）职位或地位相同，则必须依官职传统习惯定位。

（4）遵守外交惯例。依各国的惯例，当一国政府的首长，如总统或总理款宴外宾时，则外交部部长的排名在其他各部部长之前。

（5）女士以夫为贵，其排名的次序与其丈夫相同。即在众多宾客中，男主宾排第一位，其夫人排第二位。但如邀请对象是女宾，因她是某部长，而这位先生官位不显，譬如是某大公司的董事长，则必须排在所有部长之后，夫不见得与妻同贵。

（6）与宴宾客有政府官员、社会团体领袖及社会贤达的场合，则依政府官员、社会团体领袖、社会贤达为序。

（7）欧美人士视宴会为社交最佳场合，故席位采分座之原则，即男女分座，排位时男女互为间隔。夫妇、父女、母子、兄妹等必须分开。如有外宾在座，则华人与外宾杂坐。

（8）遵守社会伦理，长幼有序，师生有别。在非正式的宴会场合，尤应恪守。如某君已为部长,而某教授为其恩师,在非正式场合,不能将某教授排在该部长之下。

(9) 座位的末座,不能安排女宾。

(10) 如男女主人的宴会邀请了顶头上司,则男女主人必须谦让其应坐的尊位,改坐次位。

二、餐具的使用

(一) 筷子的使用礼仪

中餐有别于西餐的餐具主要是筷子,在中国几千年的饮食文化中,筷子的使用已形成了基本的规则和礼仪。

1. 正确使用筷子

一般我们在使用筷子时,正确的使用方法是用右手执筷,大拇指和食指捏住筷子上端三分之一处,另外三个手指自然弯曲,承托住筷子,并且筷子的两端一定要对齐。要使用标准的握筷姿势,过高或过低握筷或者变换指法握筷都是不规范的。使用筷子夹食物时,大拇指和食指捏住那支筷子上下移动,以夹住食物,无名指承托那支筷子不必移动。

2. 使用筷子的忌讳

在等待就餐时,不能用筷子敲打桌边、碗盏或杯子。使用筷子夹菜时不要在菜肴里挑来挑去,上下乱翻,不要用筷子穿刺菜肴;遇到别的宾客也来夹菜,要注意避让,避免"筷子打架";不要将筷子含在嘴里或把筷子当牙签使用;在进餐过程中进行交谈,不能把筷子当道具,指点别人;餐毕,筷子应整齐地搁在靠碗右边的桌上,并应等众人都放下筷子后,在主人示意散席时方可离座,不可自己用餐完毕,便扔下筷子离开。

(二) 匙的使用礼仪

匙,又叫勺子。在用中餐时,它的主要作用是舀取菜肴、食物,尤其是流质的羹、汤。有时,以筷子取食时,亦可以用勺子加以辅助。

用勺子取食时,不宜过满,免得溢出来弄脏餐桌或自己的衣服。必要时,可在舀取食物后,在原处"暂停"片刻,待汤汁不会再流时,再移向自己。

(三) 碗的使用礼仪

碗,在中餐里,主要是盛放主食、羹汤之用的。在正式场合用餐时,用碗的注意事项主要有五点。

(1) 吃饭的时候,不论主客,都应该用手平端碗,伏在桌上就着碗吃是被禁止的。

（2）食用碗内盛放的食物时，应以筷、匙加以辅助，切勿直接下手取用，或不用任何餐具以嘴吸食。

（3）碗内若有食物剩余时，不可将其直接倒入口中，也不能用舌头伸进去乱舔。

（4）暂且不用的碗内不宜乱扔东西。

（5）不能把碗倒扣过来放在餐桌之上。

（四）盘的使用礼仪

盘，又叫盘子。稍小一些的盘子，则被称作碟子。盘子在中餐中主要用以盛放食物，其使用方面的讲究，与碗略同。盘子在餐桌上一般应保持原位，不被搬动，而且不宜多个摞放在一起。

（五）水盂的使用礼仪

有时，品尝中餐者需要手持食物进食。此刻，往往会在餐桌上摆上一个水盂，也就是盛放清水的水盆。它里面的水并不能喝，而只能用来洗手。在水盂里洗手时，不要乱动、乱抖。得体的做法是两手轮流沾湿指尖，然后轻轻浸入水中涮洗。洗毕，应将手置于餐桌之下，用纸巾擦干。

（六）牙签的使用礼仪

正式宴会中，不宜当众使用牙签，更不能用手指甲剔牙缝中的食物。如果感觉有必要时，可以直接到洗手间去除掉。在餐桌上必须用牙签时，最好以手掩口轻轻剔牙，而边说话边剔牙或边吃边剔牙都不雅观。

三、用餐礼仪

（1）让长辈、尊者先动碗筷用餐，或听到长辈、尊者说"大家一块吃吧"，再动筷，不能抢在长辈的前面。

（2）吃饭时，要端起碗，大拇指扣住碗口，食指、中指、无名指扣碗底，手心空着。不端碗伏在桌子上对着碗吃饭，不但吃相不雅，而且压迫胃部，影响消化。

（3）夹菜时，应从盘子靠近或面对自己的盘边夹起，不要从盘子中间或靠别人的一边夹起，更不能用筷子在菜盘子里翻来倒去地"寻寻觅觅"，眼睛也不要老盯着菜盘子，一次夹菜也不宜太多。遇到自己爱吃的菜，不可风卷残云一般地猛吃一气，更不能干脆把盘子端到自己跟前，大吃特吃，要顾及同桌的人。如果盘中的菜已不多，你又想把它"打扫"干净，应征询一下同桌人的意见，别人都表示不吃了，你才可以把它吃光。

（4）要闭嘴咀嚼，细嚼慢咽，这不仅有利于消化，也是餐桌上的礼仪要求。绝不能张开大嘴，大块往嘴里塞，狼吞虎咽的，更不能在夹起饭菜时，伸长脖子，张开大嘴，伸着舌头用嘴去接菜；一次不要放入太多的食物进口，不然会给人留下一副馋相和贪婪的印象。

（5）用餐的动作要文雅一些。夹菜时，不要碰到邻座，不要把盘里的菜拨到桌子上，不要把汤泼翻，不要将菜汤滴到桌子上。嘴角沾有饭粒，要用餐纸或餐巾轻轻抹去，不要用舌头去舔。咀嚼饭菜，嘴里不要发出"叭叭""呱唧呱唧"的声音。口含食物，最好不要与别人交谈，开玩笑要有节制，以免口中食物喷出来，或者呛入气管，造成危险；确实需要与人谈话时，应轻声细语。

（6）吐出的骨头、鱼刺、菜渣，要用筷子或手接出来，放在自己面前的桌子上，不能直接吐到桌面或地面上。如果要咳嗽、打喷嚏，要用手或手帕捂住嘴，并把头向后方转。吃饭嚼到沙粒或嗓子里有痰时，要离开餐桌去吐掉。

（7）在吃饭过程中，要尽量自己添饭，并能主动给长辈添饭、夹菜。遇到长辈给自己添饭、夹菜时，要道谢。

课题三　西餐礼仪

一、西餐的菜序

西餐在菜单的安排上与中餐有很大不同。以举办宴会为例，中餐宴会有冷菜、热菜、点心和水果三个餐次，冷菜有近10种，热菜6~8种，点心和水果根据用餐人数安排。中餐餐次少，但每次有许多道菜，十分丰富。西餐有六七个餐次，似乎很烦琐，但每次一般只有一道菜。

（一）开胃菜

开胃菜也称为前菜，一般有冷盘和热头盘之分，常见的品种有鱼子酱、鹅肝酱、熏鲑鱼、鸡尾杯、奶油鸡酥盒、焗蜗牛等。

（二）汤

汤大致可分为清汤、奶油汤、蔬菜汤和冷汤4类。品种有牛尾清汤、各式奶油汤、海鲜汤、美式蛤蜊汤、意式蔬菜汤、俄式罗宋汤、法式葱头汤。

（三）副菜

通常水产类菜肴与蛋类、面包类、酥盒菜肴均称为副菜。西餐吃鱼类菜肴讲究使用专用的调味汁，品种有鞑靼汁、荷兰汁、酒店汁、白奶油汁、大主教汁、美国汁和水手鱼汁等。

（四）主菜

肉类菜肴是主菜。其中最有代表性的是鸡肉或牛排，肉类菜肴配用的调味汁主要有西班牙汁、浓烧汁精、蘑菇汁、白尼丝汁等。肉类菜肴的原料取自鸡、鸭、鹅；肉类菜肴最多的是鸡，可煮、可炸、可烤、可焗，主要的调味汁有咖喱汁、奶油汁等。

（五）蔬菜类菜肴

蔬菜类菜肴可以安排在肉类菜肴之后，也可以与肉类菜肴同时上桌。蔬菜类菜肴在西餐中被称为沙拉。与主菜同时搭配的沙拉，称为生蔬菜沙拉，一般用生菜、番茄、黄瓜、芦笋等制作，也有拌入用鱼、肉、蛋类制作的。

（六）甜品

西餐的甜品是主菜后食用的，可以算作第六道菜。从真正意义上讲，它包括所有主菜后的食物，如布丁、冰激凌、奶酪、水果，等等。

（七）热饮

热饮主要有红茶或咖啡，帮助消化。

如果是日常用餐而非正式宴会，则没有必要每个餐次都点，点太多却吃不完反而失礼。前菜、主菜（鱼或肉择其一）加甜点是最恰当的组合。点菜并不一定由前菜开始点，也可以先选一样最想吃的主菜，再配其他餐次的菜。

二、西餐的排位方法

西餐的位置排列与中餐有相当大的区别，中餐多使用圆桌，而西餐一般使用长桌。如果男女二人同去餐厅，男士应请女士坐在自己的右边，还得注意不可让她坐在人来人往的过道边。若只有一个靠墙的位置，应请女士就座，男士坐在她的对面。如果是两对夫妻就餐，夫人们应坐在靠墙的位置上，先生们则坐在各自夫人的对面。如果两位男士陪同一位女士进餐，女士应坐在两位男士的中间。如果两位同性进餐，那么靠墙的位置应让给其中的年长者。西餐还有个规矩，即每个人入座或离座，均应从座椅的左侧进出。举行正式宴会时，座席排列按国际惯例：桌次的高低依距离主桌位置的远近而右高左低，桌次多时应摆上桌次牌。同一桌上席位的高低也是依距离主人座位的远近而定。西方习俗是男女交叉安排座位。

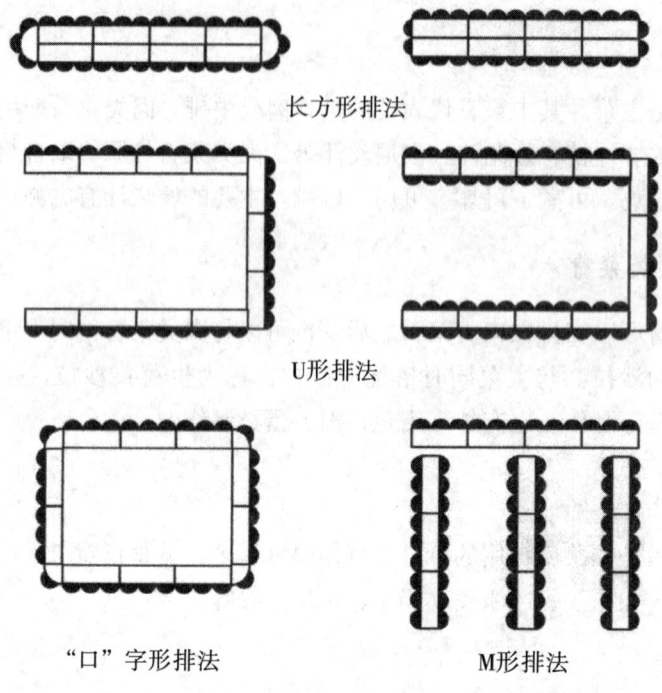

西餐的排位方法

三、餐具的使用

（一）如何使用餐具

（1）进餐时，餐盘在中间，那么刀子和勺子放置在盘子的右边，叉子放在左边。一般右手写字的人，饮用西餐时，很自然地用右手拿刀或勺，左手拿叉，杯子也用右手来端。

（2）在桌子上摆放刀叉，一般最多不能超过三副。三道菜以上的套餐，必须在摆放的刀叉用完后随上菜再放置新的刀叉。

（3）刀叉是从外侧向里侧按顺序使用（也就是说事先按使用顺序由外向里依次摆放）。

（4）进餐时，一般都是左右手互相配合，即一刀一叉成双成对使用。但有些例外，喝汤时，则只是把勺子放在右边——用右手持勺。食用生牡蛎一般也是用右手拿牡蛎叉食用。

（5）刀叉有不同规格。按照用途不同而决定刀叉尺寸的大小也有区别。吃肉时，不管是否要用刀切，都要使用大号的刀。吃沙拉、甜食或一些开胃小菜时，要用中号刀。叉或勺一般随刀的大小而变。喝汤时，要用大号勺，而喝咖啡和吃冰激凌时，则用小号为宜。

（6）忌讳用自己的餐具为他人布菜。

(7) 不能用叉子扎着食物进口，而应把食物铲起入口。当然现在这个规则已经变得不是那么的严格。英国人左手拿叉，叉尖朝下，把肉扎起来，送入口中，如果是烧烂的蔬菜，就用餐刀把菜拨到餐叉上，送入口中；美国人用同样的方法切肉，然后右手放下餐刀，换用餐叉，叉尖朝上，插到肉的下面，不用餐刀，把肉铲起来，送入口中，吃烧烂的蔬菜也是这样铲起来吃。

(8) 如食用某道菜不需要用刀，也可用右手握叉，例如意大利人在吃面条时，只使用一把叉，不需要其他餐具，那么用右手来握叉倒是简易方便的。没有大块的肉要切的话，例如素食盘，只是不用切的蔬菜和副食，那么，按理也可用右手握叉来进餐。

(9) 为了安全起见，手里拿着刀叉时切勿指手画脚。发言或交谈时，应将刀叉放在盘上才合乎礼仪。这也是对旁边的人的一种尊重。

(10) 叉子和勺子可入口，但刀子不能放入口中，不管它上面是否有食物。除了礼节上的要求，刀子入口也是危险的。

（二）西餐中刀叉摆放含义

在用西餐时，刀叉的摆放也是有含义的，用餐意愿可通过刀叉的摆放来传达。

(1) 尚未用完餐：盘子没空，如你还想继续用餐，把刀叉分开放，大约呈八字形，那么服务员就不会把你的盘收走。

(2) 已经用完餐：可以将刀叉平行放在餐盘上。这时，即便你盘里还有东西，服务员也会明白你已经用完餐了，会在适当时候把盘子收走。

(3) 在准许添加饭菜的宴会上或在食用有可能添加的那道菜时，可以把刀叉分开放在餐盘两边，那么服务员会再给你添加饭菜。

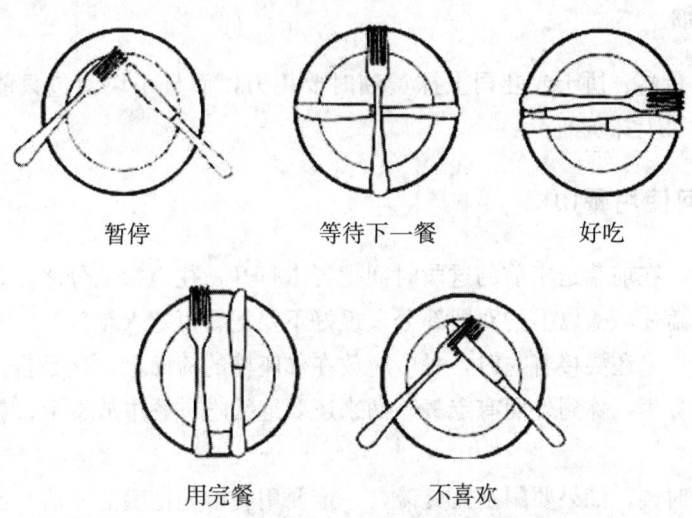

暂停　　　　等待下一餐　　　　好吃

用完餐　　　　不喜欢

西餐中刀叉摆放含义

四、调味品的使用

（一）酱料

用萝卜酱、薄荷胶、葡萄干胶、芥末、苹果酱、酸果酱时，要先用汤匙将其舀入盘子里，然后用叉子叉肉抹油食用。液体酱汁如薄荷、樱桃或杏鸭酱，要直接浇到肉上面。浇得最好要少些，这样不会影响肉的整体味道。吃蛋卷和饼干用的果胶、果酱和蜜饯要用汤匙舀到黄油盘子的一边，然后用刀平抹在面包或蛋卷小块上。如果没有汤匙，用刀取果胶前，先在盘子边上擦一擦。吃咖喱菜时，可把花生、椰子、酸辣酱等调料放到盘子里混合后配咖喱食用。酸辣酱也可作为配菜吃，不用混合。

（二）盐和胡椒粉

先品尝食物，后加盐和胡椒粉。先放盐或胡椒粉是对厨师不礼貌的表现。如果桌上有盐罐，使用里面的盐匙；如果没有，就用干净的刀尖取用。蘸过盐的食物要放在自己的黄油盘里或餐盘里的一边。如果为你提供一个专人盐罐，你可以用手捏取。

（三）沙拉

按照传统，沙拉要用叉子来吃，但是如果沙拉的块太大，就应切开，以免从叉子上掉下来。以前吃沙拉和水果用的钢刀又锈又黑。现在不锈钢刀的使用改变了这种状况。当沙拉作为主食吃的时候，不要把它放在餐盘里，要放在自己的黄油盘里，靠在主盘旁。通常用一块面包或蛋卷把叉子上的沙拉推在盘子里。

（四）黄油

往面包、蛋卷、饼干或吐司上抹黄油时要用刀，而且小块面包只能抹少量的黄油。不要往蔬菜上抹黄油。

五、如何使用餐巾

点完菜后，在前菜送来前的这段时间把餐巾打开，往内折三分之一，让三分之二平铺在腿上，盖住膝盖以上的双腿部分。最好不要把餐巾塞入领口。

进餐一半回来还要接着吃时，餐巾应放在你座椅的椅面上，这是告诉在场的其他人，尤其是服务生，你到外面有点事，回来还要继续吃。餐巾放桌上，就是就餐结束的意思。

吃西餐的时候，如果要跟别人交谈，一定要用餐巾先把嘴沾一沾，然后再跟别人说话。餐巾可以擦嘴，但是不能擦刀叉，更不能用来擦汗。

六、食物的吃法

(一) 汤的吃法

一般使用的餐具是汤盘或汤碗。汤碗分带把儿和不带把儿两种。饮用汤要使用汤勺。握汤勺的方法同握写字笔近似,不要太紧张,也不能太松弛。握的位置要适当,握柄的中上部最为理想,看上去优雅自然。

1. 姿势

进汤时,身体要保持端正,头部不要太接近汤盘,长头发的女士千万注意不要把头发落到汤盘里,那样既不卫生,又不美观。用勺子送汤到嘴里,而不是低头去找汤盘。注意不要让汤从嘴里流出来或把汤滴在汤盘外边。

2. 声音

在进汤类食物时,千万要避免发出向嘴里吸溜的声音,如果汤很烫,可稍等片刻再享用,不可将嘴巴凑近汤盘猛吹。即使汤盘里只有少许汤底,也不可举盘把汤倒入口中。可将汤盘向一侧倾斜,以便将汤用勺子舀起。如果是汤碗的话,可端起碗来喝汤。

(二) 沙拉的吃法

沙拉做头盘是比较理想的选择,它既爽口又开胃,正统西餐的沙拉汁一般偏酸,西方人不习惯在餐前吃带甜味的沙拉。

沙拉的进餐用具:盛沙拉一般用沙拉盘,平盘、深盘都可以。一般讲究的餐厅要摆上刀和叉,即使有些人习惯只用叉而不用刀。作为同主食一起上菜时的沙拉,把沙拉盘放在主菜盘的左侧,这时一般只放一把叉子。

遇见比较大片的蔬菜叶的时候,要先用刀子和叉子折起来,然后再用叉子送入口中。

(三) 肉类的吃法

1. 从左边开始切

法国料理中所使用的肉有牛、猪、羊、鸡、鸭,等等,种类相当多,又依调理方式分为烧、烤、蒸、煮等各式各样。一打开菜单,烤小羊排、烤鸭、焖牛肉等各样肉类料理名称琳琅满目地排列在一起,令人垂涎三尺。

首先必须记住的是排餐的用餐方法。排餐可说是自古至今的肉类料理代表,排餐的吃法自然也就成为其他肉类料理的基本形式,所以最好下点功夫研究。点牛排时,服务生会首先询问烤的程度,可依你所喜欢的料理方式供应。

用餐时,用叉子从左侧将肉叉住,再用刀沿着叉子的右侧将肉切开,如切下的肉无法一口吃下，可用刀子再切小一些，切开刚好一口大小的肉，然后以叉子送入口中。

2. 重点在于利用刀压住肉时的力度

为了轻松地将肉切开，首先就要松肩膀，并确实用叉子把肉叉住。再以刀轻轻地、慢慢地前后移动。用力点是在将刀伸出去的时候，而不是将刀拉回时。

3. 将取得的调味酱放在盘子内侧

点排餐时，会附带一杯调味酱。在正式的场合中，调味酱应是自行取用，而非麻烦服务生服务。

首先将调味酱钵拿到盘子旁边，以汤勺取酱料时要注意不要滴到桌上。调味酱不可以直接淋在牛排上，应取适当的量放在盘子的内侧，再将肉切成一口大小蘸酱料吃。

调味酱的量约以两汤匙为最适量。取完调味酱后，将汤勺放在调味酱钵的侧边，并传给下一个人。

4. 吃完一块再切下另一块

不可一开始就将肉全部切成一块一块的，否则好吃的肉汁就会全部流出来。如果用叉子叉住肉的左侧却从肉的右侧开始切，会很难将肉切开。因左手拿叉子，所以从左侧开始切才方便。千万不要从右侧开始切。如果太用力切，在切开时会因与盘子碰撞而发出很大的声音。身体向前倾的姿势很难使用刀子。

5. 点缀的蔬菜也要全部吃完

放在牛排旁边的蔬菜不只是为了装饰，同时也是基于营养均衡的考虑而添加的。中国人大都会把水芹留下，如果不是真的不爱吃，最好不要剩下。利用汤匙取酱料并放在餐盘内侧，放在旁边的蔬菜与肉互相交替着吃完。

（四）带骨食物的吃法

1. 鸡肉

先吃鸡的一半。把鸡腿和鸡翅用刀叉从联结处分开。然后用叉稳住鸡腿（鸡脯或鸡翅），用刀把肉切成适当大小的片。每次只切两三片。如果场合很正式，不能使用刀叉取用的，干脆别动。如果是在非正式场合，你可以用手拿取小块骨头，但只能使用一只手。

2. 肉排

用叉子或尖刀插入牛肉、猪肉或羊肉排的中心。如果排骨上有纸袖，你可用手抓住来切骨头上的肉，这样就不会使手油腻。在正式场合或者在饭店就餐时，即使包有纸袖也不能用手拿着骨头啃着吃，这些东西基本上是用来作装饰的。另外，在非正式场合，只有骨头上没有汤汁时才可以拿起来啃着吃。

3. 鱼

先用刀叉把鱼头和鱼尾割下,放在盘边。然后用刀尖顺着鱼骨把鱼从头到尾劈开。这时你有三种选择:

(1) 将鱼骨滑出;

(2) 将鱼平着分开,取出鱼骨;

(3) 揭去上面一片,吃完后再去骨。如果嘴里吃进了小骨头,用拇指和食指捏出。

(五)面包的吃法

可先用两手撕成小块,再用左手拿来吃。

吃硬面包时,用手撕不但费力而且面包屑会掉满地,此时可用刀先切成两半,再用手撕成块来吃。

一般情况下要避免像用锯子似的割面包,应先把刀刺入中央部分,将靠近自己的部分切下,再将面包转过来切断另一半。切时可用手将面包固定,避免发出声响。

七、酒类礼仪

(一)饮酒礼仪

喝酒的顺序一般是:先喝白酒,后喝红酒;先喝年轻的酒,后喝老年份的酒;先喝清淡的酒,后喝浓郁的酒;先喝干酒,后喝甜酒。当然这只是一般规则,并非绝对。

点酒时,可以先浏览一下酒单,考虑一下自己的兴趣、预算及酒单内是否有让人惊喜的发现等。假如你一时拿不准主意,可以求助于服务员,告诉他你已点了什么菜,想喝或喜欢喝哪一类的酒,请他推荐或建议。假如你想要的酒恰巧不在酒单内,就要问得更仔细一些,包括产区、年份,尤其是价格,以免超出你的预算。

点过了酒,服务员会把酒拿过来,先让你确认一下,再在你的身旁开瓶。开瓶之后,服务员要先把木塞给你检查,你可以嗅一下是否有异味及木塞是否异常。若一切正常你就点头示意可以开始试酒了。

服务员会倒一些酒在你的酒杯里。现在是你展示试酒功力的时候了。依照试酒三部曲,先看再闻最后品尝。在你试酒时,除非酒有明显的变质,否则不可任意要求换酒,更不可以"这个味道我不喜欢"为由而要求换酒。

如果你不想再喝酒而服务员还想继续为你斟酒时,你只需用手碰碰杯子,示意不想再喝了即可。

(二)饮酒小细节

(1)一般服务员会按顺序倒酒。侍者来倒酒时,不要动手去拿酒杯,而应把酒杯放在桌上由侍者来倒。如果你不想让服务员给你倒酒，就用指尖碰一下酒杯的边缘，以示不想要了。

（2）为避免手的温度使酒温增高，正确的握杯姿势是用三根手指轻握杯脚，即用大拇指、中指和食指握住杯脚，小指放在杯子的底台固定。

（3）喝酒时绝对不能吸着喝，应该倾斜酒杯，就像是将酒放在舌头上似的喝。你可以轻轻摇动酒杯让酒与空气接触以增加酒味的醇香，但不要猛烈摇晃杯子。

（4）没有人敬酒时自己一饮而尽，或是边喝酒边透过酒杯看人、拿着酒杯边说话边喝酒、将口红印在酒杯沿上等，都是失礼的行为。

（三）西餐酒水品种

1. 餐前酒

餐前酒也称开胃酒，是指在餐前饮用的，喝了后可以刺激人的胃口，使人增加食欲的饮料。开胃酒通常由药材浸制而成。

开胃酒主要品种有味美思、比特酒、茴香酒。

2. 佐餐酒

佐餐酒，是在进餐时饮的酒，常用葡萄酒。外国人就餐时通常只喝佐餐酒。

佐餐酒主要品种：红葡萄酒、白葡萄酒、玫瑰露葡萄酒和汽酒。白葡萄酒、玫瑰露酒和葡萄汽酒应冰镇，红葡萄酒用酒篮。

3. 甜食酒

甜食酒一般是指在佐助甜食时饮用的酒品。其口味较甜，常以葡萄酒为基酒加葡萄蒸馏酒配制而成。

甜食酒主要品种：雪莉酒、波特酒、玛德拉、玛萨拉。

4. 餐后甜酒

餐后甜酒又叫利口酒，是餐后饮用的，糖分很多的酒类，人喝了之后有帮助消化的作用。这类酒有很多种口味，原材料有两种类型：果料类和植物类。制作时用烈性酒加入各种配料（果料和植物）和糖配制而成。

餐后甜酒主要品种：本尼狄克丁、谢托利斯、乔利梳、金万利、君度、薄荷酒。

5. 混合饮料

混合饮料（鸡尾酒）是指由两种以上的酒水混合在一起饮用的酒水，通常在餐前饮用或在酒吧饮用。

（四）西餐菜肴与酒水搭配

（1）开胃酒选用鸡尾酒、味美思、比特酒或雪莉酒。

（2）前菜选用低度、干型白葡萄酒来配。

(3) 汤类一般不用配酒,但也可配较深色雪莉酒或玛德拉。

(4) 副菜选配干型白葡萄酒、玫瑰露葡萄酒或低度干型红葡萄酒。

(5) 主菜通常需要配酒。海鲜类选用无甜味的干型白葡萄酒;小牛肉、猪肉和鸡肉等白色肉类最好选用酒精度不高的干型红葡萄酒;牛肉、羊肉和火鸡等红色肉类最好选用酒精度较高的红葡萄酒。

(6) 餐后甜点中,奶酪选配甜味葡萄酒,也可继续使用正菜的酒品。其他点心选配甜葡萄酒或葡萄汽酒。

(7) 餐后酒可选用甜食酒、白兰地、利口酒或鸡尾酒等。

单元练习

1. 中餐的桌次和座次是如何安排的?
2. 赴宴者应注意哪些事项?
3. 西餐如何安排席位?
4. 西餐餐具如何使用?

第七单元　涉外礼仪

学习目标

知识目标：了解国际交往礼仪中的礼则等基本常识。

素质目标：自觉遵守礼仪规范，在公共场合与外国朋友相遇时，懂礼貌，讲礼仪；维护好国家形象以及与外国朋友的友谊。

能力目标：能够正确使用国际惯例，处理好外事活动中出现的各种问题。

技能目标：能够制订迎送仪式计划，安排会议仪式仪程。

基本概念

涉外礼仪　外事接待礼仪　会见礼仪

 单元导读

21世纪是一个全新的世纪，国际合作和交流空前发展，国家之间的交往日益密切和深入，这为外事活动提供了广泛的舞台和空间。各个国家的文化、习俗具有差异，因此了解外交礼仪，掌握外交礼仪也就成了当务之急。

课题一 涉外礼仪规范及禁忌

一、涉外礼仪十则

涉外礼仪是指在国际交往活动中，表示相互尊重友好、谦让礼貌的行为规范以及在外事活动中举行的各种庆典和仪式。在涉外交往中，可能会出现各种各样、错综复杂的情况与问题，在解决处理这些问题时，我们必须坚持以下涉外礼仪。

1. 个人形象

第一印象十分重要。个人形象包括仪容仪表、言谈举止、服装等。

2. 不卑不亢

要意识到自己代表自己的国家、民族、所在单位，言行应从容得体，堂堂正正。不应表现得畏惧自卑、低三下四，也不应表现得狂傲自大、目中无人。

3. 求同存异

各国礼仪习俗存在着差异，重要的是了解，而不是评判是非，鉴定优劣。握手礼通行各国。

4. 入乡随俗

要真正做到尊重交往对象，首先就必须尊重对方所独有的风俗习惯。当自己身为东道主时，通常讲究"主随客便"；而当自己充当客人时，则又讲究"客随主便"。

5. 信守约定

认真严格地遵守自己的所有承诺，说话务必算数，许诺一定兑现，约会要如约而至。对一切有关时间方面的正式约定，尤其需要恪守不怠。

6. 热情适度，内外有别

不仅待人要热情友好，更为重要的是要把握好待人热情友好的具体分寸，否则就会事与愿违，过犹不及，会使人厌烦或怀疑你别有用心。要分清内外，注意保密。

7. 谦虚适当

一方面反对一味地抬高自己，但也绝对没有必要妄自菲薄，自我贬低，自轻自

贱，过度对人谦虚客套。

8. 尊重隐私

在对外交往中不要涉及收入支出、年龄、婚姻、健康、家庭住址、个人经历、信仰政见等。

9. 女士优先

在一切社交场合，尊重、照顾、体谅、关心、保护女士。发表演说，开场称呼总是要先说"女士们"，再说"先生们"；进出电梯，出入门厅，男士要抢先一步把门打开，然后让女士先行；与女士一同进餐，男士应把椅子从餐桌下往外拉开，女士站到位后再把椅子推回，让她坐下；上楼梯时，是女先男后，下楼梯则是男前女后，发生意外时，男士可以设法保护女士。总之，男士应当尽可能地为女士效劳，尽量为她们提供方便。

10. 以右为尊

在并排站立、行走、就座、会见、会谈、宴会席次桌次、乘车、挂国旗等的时候都应遵循这一原则。

 小故事

双星集团总经理汪海有一次去美国考察，在一次新闻发布会上遇到许多记者提问。一位意大利记者问："你们生产的运动鞋为什么叫'双星'？是不是代表你们常讲的物质文明和精神文明？"汪海微笑地点了点头，说："还可以这样理解：一颗星代表东半球，一颗星代表西半球，我们要让'双星'牌运动鞋潇洒走世界。"对这番豪言壮语，一位美国记者却不以为然，问道："请问先生您脚上穿的是什么鞋？"这一讲用意非常明了：如果你穿的是"双星"牌，那自然没话说，但如果穿的是洋货，意味着连自己都不愿穿"双星"牌，还谈什么潇洒走世界？不料，汪海十分沉着自信地答道："在贵国这种场合脱鞋是不礼貌的，但是这位先生既然问起，我就破例了。"说着他把自己的鞋脱了，高高举起，指着商标处，大声说道："Double Star！双星！"这时，场上响起了热烈的掌声，不少记者争相拍下这一镜头。第二天，美国纽约各大报纸在主要版面上纷纷刊登出这幅照片。

二、涉外交际细则

（一）迎送

确认航班，预先办好入境入关手续，落实迎送人员，先握手后献花。礼宾人员引导应走在外宾左前方约 1 米处，左手指点方向，右手引领，一般不要触及客人的身

体。送行时目送客人离去。

（二）介绍

低职介绍给高职，年少介绍给年长，资浅介绍给资深，男性介绍给女性，未婚介绍给已婚。

（三）称谓

高职位以职衔相称，突出学历、职称、荣誉，尽量使用敬语，如先生、小姐、女士、陛下、殿下、阁下。

由于各国历史背景和风俗习惯的区别，人的姓名排列顺序大体上分三类：

（1）姓前名后：中国、朝鲜、越南、日本、阿富汗、匈牙利和一些非洲国家等。

（2）名前姓后：欧美各国等。

（3）有名无姓：缅甸、印度尼西亚等。

按国际惯例，一般称男子为先生，称女子为夫人、女士、小姐。已婚女子称夫人，未婚女子称小姐。对不了解婚否的女子可称小姐，对戴有结婚戒指的可称夫人。称呼前均可冠以姓名、职称、头衔等，如"施密特先生""市长先生""上校先生""玛丽小姐""秘书小姐""护士小姐""怀特夫人"等。对位级较高的官员一般称"阁下"。君主制国家称国王、皇后为"陛下"，称王子、公主、亲王为"殿下"。

（四）握手

目视对方，面带表情，用力适当，上下轻摇，避免交叉。高职、年长、女士和主人先伸手。

（五）乘车

乘小轿车，客人坐第二排右侧，主人坐左侧，翻译坐副驾驶座位；七座及以上大车，客人坐前排。

（六）会见、会谈及座位安排

1. 会见

沙发半圆形排列，客人在右侧，主人在左侧。座位突出2人或4人。翻译记录坐后面。

2. 会谈

长条桌，客方座位面向门或入门的右侧，主人背向门或入门的左侧。如摆国旗则在主客方相对应的位置。主客方人员座位，从各自方的一边中间开始，按从右至左职务由高到低排列。会见、会谈桌面只摆放茶、饮料、纸笔，不必摆放水果。

(七) 交换名片礼仪

名片印制要朴素大方,统一规格,职务简洁;送名片时机恰当,双手递接,接后细看,妥善存放(收送分开),不得乱放。

(八) 服饰

服装穿戴的基本原则:颜色和谐、环境和谐、自身条件和谐、时节和谐、与主人的要求和谐。

男士着西装,熨烫平整、拆除商标、扣好纽扣(两扣的只扣上面的,三扣的只扣第1、2个或中间1个,双排扣的,应扣上所有的纽扣),不卷不挽、慎穿毛衫、巧配衬衣,领带大小适中、长度不宜过长或过短,齐腰带或略长为宜,衣服口袋内少装东西,鞋袜颜色一致,正式场合上台讲话要扣好扣子。

女士交际场合可穿连衣裙或中式上衣配长裙。夏天可穿长袖或短袖衫,配长裙或过膝裙。隆重场合不能穿长裤,一定要穿裙子。公务场合穿职业装。不能穿短袜套露出小腿。隆重场合,衣裙颜色要深些。所配披肩、手提包、皮鞋的颜色要同衣服和裙子颜色协调。忌着黑色发亮的皮短裙。宜化淡妆,浓妆只适宜晚间场合。手提包不可放在餐桌、办公桌上。香水味道不可太浓,不在人面前对镜化妆、喷香水。

(九) 交谈的基本原则

(1) 对谈话对象有所了解。

(2) 谈话技巧:避免隐私问题,寻找共同话题。

(3) 注意倾听:聚精会神,积极反应,不打断别人,不急下结论,求同存异,切忌粗鲁。

(4) 善于提问:适时引导,避免僵局。

(5) 先思后言,注意条理。

(6) 幽默感:注意轻松融洽。

(7) 说话要有节制,避免信口开河,高谈阔论。

(十) 自助餐礼仪

自助餐,英文为 Buffet 或 Buffet Dinner。

1. 形式

设大菜台,不排桌次,自由入座,便于交谈。

2. 注意事项

排队取菜,不许乱挤,加塞;按冷菜、汤、热菜、点心、水果顺序分别取菜,按顺序用餐,不要什么菜都放在一起,形成大杂烩;量力而行,吃多少取多少,不许浪费；不允许外带。

(十一) 互送礼品

互送礼品是一种礼仪的体现，也是一种感情的传递，能在双方之间架起一个互通的桥梁。在与外国人的交往中，送礼是必要的，是联络感情、广交朋友、增进友谊的一种方式，但是送礼时的热情要适度，有时过分热情反倒适得其反。所以在对外送礼上，主要应该防止这样几个问题：第一，防止过多；第二，防止过贵重，使别人不敢轻易接受；第三，防止体积过大，不方便携带。

异性之间互送礼物要避免一些敏感的物品。如男士不能给女士送化妆品等太私人化的东西，容易引起误会。

互送礼物要先和人家打招呼，让对方有所准备，防止措手不及。接受礼物时，西方国家的朋友喜欢当面打开，而且讲几句赞赏的话。

在礼品的挑选上，要对送礼对象的爱好、兴趣做些简单的调查，因人而异，投其所好。此外，还要注意对方的风俗习惯、宗教信仰，了解一下对方基本的忌讳。送花时，西方国家比较忌讳双数，喜欢单数，一般不送单一品种，花种类多样会让颜色搭配更加丰富，看起来更漂亮。

(十二) 涉外受礼礼仪

1. 握手致谢

在参加各种涉外交往中，当接受宾朋的礼品时，应恭敬有礼地双手接过，并握手致谢。

2. 适当赞美

许多欧美人，喜欢别人接受礼品后就当场打开包装欣赏并赞美一番。此时，我们可仿效他们的做法，适时赞誉礼品，以表示自己的感谢之情。

收到寄来的或派人送来的礼品，应及时复寄一张名片或简函，以示谢意。

(十三) 接到邀请

(1) 接到请柬、邀请信或口头的邀请，能否出席要尽早答复确认。对注有 R. S. V. P. (请答复) 字样的，无论出席与否，均应迅速答复；注有"Regrets only"(不能出席请答复) 字样的，在不能出席时才回复，但也应及时回复；经口头约妥再发来的请柬，上面一般注有"To remind"(备忘) 字样，只起提醒作用，可不必答复；答复对方，可打电话或复以便函。

(2) 在接受邀请之后，不要随意改动。万一遇到不得已的特殊情况不能出席，尤其是主宾，应尽早向主人解释、道歉，甚至亲自登门表示歉意。

(3) 应邀出席一项活动之前，要核实宴请的主人、活动举办的时间地点、是否邀请了配偶以及主人对着装的要求等情况;活动多时更应注意,以免出现走错地方,或主人未请配偶却双双出席等尴尬局面。

三、涉外禁忌

一忌不遵时守约。不遵时守约是国际交往中最忌讳、最失礼的行为。

二忌不尊重老人、妇女。尊重老人和妇女无论在哪里都被视为一种美德。

三忌不尊重他国风俗习惯。不同的国家、民族,由于不同的历史、宗教等因素,各有特殊的风俗习惯和礼节,均应予以尊重。如穆斯林不吃猪肉;佛教徒不吃荤;天主教徒忌讳"13"这个数字,尤其是"13日星期五"等。

四忌言行不礼貌。公共场所偶遇外宾后,不能围观、追随,或背后指点、议论;不可贸然要求与外宾合影或索要名片;未经外事部门安排,不得擅自邀请外宾到家做客或私受礼品;当着他人的面,不要提裤子、掏鼻孔、挖耳朵、打哈欠、脱鞋等。

五忌用"你吃了吗?""你去哪儿?"同外宾打招呼。

六忌询问对方的年龄和生活问题,尤其是妇女的年龄、婚姻、收入等个人隐私。

七忌随意吸烟。在国外,抽烟的危害已越来越引起人们的关注,很多地方和场合是不允许吸烟的。非禁烟场所,如有妇女或不吸烟的男士在座,吸烟者应征得他们的同意。

八忌轻易应允。对外交往中,要讲究信誉,办不了的事切忌轻易应允。只要答应的事,一定要想尽办法去做。确因客观条件办不成,也要说明情况,表示歉意。

九忌不讲卫生。参加涉外活动要保持整洁美观的仪表。不要随地吐痰,乱扔垃圾等。

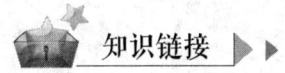

涉外交往中的数字、肢体和颜色禁忌

1. 数字禁忌

各民族及不同宗教信仰的人们对数字均有一些忌讳,如天主教、基督教的信徒十分忌讳"13"和"星期五",认为这一数字和日期是厄运和灾难的象征。在涉外活动中,要避开与"13""星期五"有关的一些事情,更不要在这一天安排重要的政务、公务、商务及社交活动。日本人忌讳4和9,因为4与"死"的读音相似,意味着倒霉和不幸;日语中9的读音与"苦"类似,让人联想到苦难和厄运。所以与日本友人互赠礼品时切记不送数字为4、9,谐音为4、9的礼品;安排日本人住房的房号也最好避开这两个数字。

2. 肢体禁忌

同一个手势、动作,在不同的国家表示不同的意义,比如拇指和食指合成一个圈，其余三个手指向上立起，在美国表示 OK，但在巴西，这是不文明的手势。在中国，对某一件事、某一个人表示赞赏，会跷起大拇指，表示"真棒！"但是在伊朗，这个手势是对人的一种侮辱，不能随便使用，想赞赏伊朗人忌伸大拇指。在我国摇头表示不赞同，在尼泊尔则正相反，表示很高兴、很赞同。泰国人认为人的头颅是神圣不可侵犯的，因此忌讳用手触摸头部，不像在我国，特定情形下可用摸头表示亲昵与喜爱。另外注意适当地运用手势，可以增强感情的表达；但与人谈话时，手势不宜过多，动作不宜过大，应给人含蓄而彬彬有礼的感觉。

课题二 外事接待礼仪

一、接待准备

外事接待单位为圆满完成接待任务，一般需要设专门接待小组，全面负责一切接待事宜。

接待工作首先应了解来访者的基本情况，弄清代表团的国别、名称、成员名单、来访目的等内容。如需要根据客人要求预订宾馆或返程机票，还应索取来宾护照的复印（传真）件。掌握了以上情况后，再制订一份周密的书面接待活动日程安排（中外文表），包括迎送、会见、会谈、签字仪式、宴请、参观游览、交通工具、餐寝时间、陪同人员等详细内容。日程安排应尽量事先征询来宾意见，还要考虑来宾的风俗习惯和宗教信仰。印制妥当后及时给抵达来宾人手一份。

二、迎送

要依据来访者的身份，确定迎送规格。根据国际惯例，主要迎送人通常同来宾的身份相当。遇有高层外宾来访问，要按上级接待部门的通知要求安排党政领导人出面迎送，组织好迎送仪式、场地布置、献花、照相、摄像、组织群众场面等内容，比如飞机（车、船）抵离时间、献花人员的挑选和鲜花花束（花环）的准备、介绍宾主相见的方式、车辆顺序的编排、座次的安排、国旗的悬挂，等等，都要逐项落实。

迎宾时，外宾下飞机（车、船）后，礼宾人员应主动将迎宾人员姓名、职务一一介绍给来宾，迎宾人员随即与来宾握手表示欢迎。如遇外宾主动与我方人员拥抱时，我方可做相应表示，不要退却或勉强拥抱。如需献花，应安排在迎宾的主要领导人与客人握手之后进行。所献鲜花忌用菊花、杜鹃花、石竹花或黄色花朵。

乘车时，应先请客人从右侧上车，陪同主人再从左侧上车。待外宾与陪同人员全部上车后，再驱车去宾馆。途中，陪同人员应择机将有利于对外宣传的事物，如沿途所见的欢迎标语、人文景观等向外宾介绍。

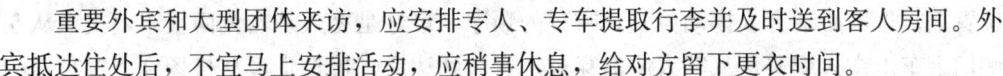

重要外宾和大型团体来访,应安排专人、专车提取行李并及时送到客人房间。外宾抵达住处后,不宜马上安排活动,应稍事休息,给对方留下更衣时间。

(一)地点的选择与布置

外宾来访的迎送地点一般设在机场(车站),也有在特定场所举行的。

(二)遵守对等和守时原则

要准确掌握来宾抵离时间。所有迎送人员及身份相当的领导人和相应的官员,包括有关国家大使馆的大使,都应提前来到指定地点,办好有关的一切手续。

(三)献花仪式

为了表示对外宾的热烈欢迎,对高级贵宾应安排献花仪式。通常在迎送的主要领导人与贵宾握手问好之后,由少年儿童或女青年将花献上,并致礼以示敬意。献花用的花环或花束必须是由鲜花做成,要求花束整洁、鲜艳。

(四)介绍

迎送人员与客人见面时,应互相介绍,按照礼仪原则,首先由迎送人员中职位最高者按照职务高低顺序介绍迎送人员,最好讲外宾的母语或英语。如果需要翻译,翻译应跟在主要迎送人员的身后。然后由来宾依次介绍来访人员。如果由礼宾接待人员或其他接待人员介绍则应站在客人内侧稍后的位置。

(五)奏国歌仪式

先奏客方的国歌,后奏主方的国歌,全体人员肃然致敬。

(六)致欢迎词

一般情况下,在欢迎仪式上,宾客和主人分别致辞表示欢迎和感谢,有时也将讲稿发给每位来宾。

(七)夹道欢迎

组织群众夹道欢迎或欢送是东道主盛情接待的仪式。当重要的贵宾光临时,需要安排盛大的欢迎场面。组织欢迎或欢送时,要有组织纪律和先后次序,要注意安全。

(八)陪车礼仪

客人抵达后,从机场到住地,或访问结束,由住地到机场,有时需要安排相关人员陪同乘车。陪车时,客人的位置应安排在主人的右侧。上车时请宾客从右侧门先上,主人从左侧门后上,车门由接待人员关上。如果遇到客人先上车,坐在了主人的位置上,也不必请客人挪动位置。乘车的顺序,最好是客人从右侧门上车,主人从左侧门上车。主人应避免从客人座前穿过。贵宾到达后,接送贵宾从机场到下榻宾馆的车辆上,应有两国的国旗标志。双排座轿车,翻译坐副驾驶座;三排座轿车,翻译坐中间加排。客人抵达住处后,一般不要马上安排活动,应稍作休息,起码给客人留下洗澡、更衣的时间。迎送人员应暂时离去,要告诉外宾下一步活动计划,征得其同意,并留下联系电话。总之,官方迎送仪式要让来宾感受到尊重和热情。

三、会见礼仪

凡身份高的人士会见身份低的或主人会见客人,称为接见或召见。反之,凡身份低的人士会见身份高的或是客人会见主人,称为拜会或拜见。接见和拜会后的回访称为回拜。

(一)会见的类别

会见按照内容不同分为三类,礼节性的、政治性的、事务性的或各性质兼而有之。

会见根据对象不同,分为个别约见和大型接见。

(二)会见的安排

接见一方的安排人,应主动将会见时间、地点、主方出席人、其他具体安排及有关注意事项通知对方。如有合影,还要事先编好合影图,一般主人居中,按礼宾顺序,主人右手为上,主客双方间隔排列,两端均由主方人员把边。

会见前,主人应在门口迎候客人,可以在大楼正门迎候,也可以在会客厅迎候。如果主人不到大楼门口迎候,则应由工作人员在大楼门口迎接,引入会客厅。会见结束,主人应送客人至车前或在门口握别,目送客人离去。

安排宾主座次时,主宾坐在主人的右边,译员、记录员安排坐在主人和主宾的后面。其他外宾按礼宾顺序在主宾一侧就座,主方陪见人在主人一侧就座,座位不够可在后排加座。有时,除陪见人和必要的译员、记录员外,其他工作人员安排就绪后均应退出。谈话过程中,旁人不要随意进出。

四、会谈礼仪

会谈是指双方就某些重大的政治、经济、文化及其他共同关心的问题交换意见。会谈内容较为正式,且政治性或专业性较强。

(一)会谈活动的特点

会谈首先要组成专门班子,确定主谈人。我方主谈人的职位要与对方主谈人相同或相近。会谈人数大体双方相等。其次是准备会谈提纲，如需在会谈结束时双方签署会谈纪要或备忘录等，应事先草拟好文本。

会谈由主谈人主持，其他人员未经主谈人许可，不得随便发表意见。如有不同看法，可写条子递给主谈人，供主谈人参考。如主谈人请大家做补充发言，其他人可按主谈人的谈话口径做适当补充，但不能提出与主谈人意见相反的看法。

（二）会谈的座位安排

会谈通常用长方形、椭圆形或圆形桌子，宾主按各人名牌所示相对而坐，以正门为准，主人占背门一侧，外宾面向正门。主谈人座位居中。

五、签字仪式

参加签字仪式的，基本上是双方参加会谈的全体人员。双方为了对签订的协议表示重视，往往由更高层的领导出席签字仪式。

（一）布置签字桌

一般在签字厅设置一张长方桌作为签字桌，桌面覆盖深色台布，桌后并列置放两把椅子，供双方签字人使用，主左客右。座前摆放各自保存的文本，上端分别放置签字文具，中间摆一旗架，悬挂签字双方的国旗。

（二）签字程序仪式

双方参加签字仪式的人员进入签字厅，签字人入座，助签人分别站在签字人外侧，其他人员分主客各一方按身份顺序排立于各自的签字人座位之后。签字时，由助签人协助翻揭文本，指明签字处，本方保存的文本上签毕后，由助签人互相传递文本，再在对方保存的文本上签字，签妥后由双方签字人交换文本，相互握手。有时备有香槟酒，签字后，共同举杯庆贺。

六、国旗悬挂

（一）国旗的含义

国旗是国家的象征，是民族的尊严。涉外活动中，我们往往通过悬挂国旗表示对本国的热爱和对他国的尊重。

（二）国旗悬挂的规范

国际交往中，一个主权国家内悬挂他国国旗有着一些公认的通行惯例。

按国际关系准则，一国元首、政府首脑、议会议长在他国领土上访问，有在其住所及交通工具上悬挂本国国旗的外交特权。

国际会议上，会场外须悬挂每个与会国国旗；国际性体育、展览等活动中，也要在有关正式场合悬挂所有与会国国旗。

悬挂双方国旗，以右为上，左为下。两国国旗并挂，以正面为准，右挂客方国旗，左挂本国国旗；汽车上挂旗，驾驶员左手为主方，右手为客方。双方对座会谈时，主客双方分别在各自主谈人桌上用旗架悬挂本国国旗。

国旗不能倒挂，也不能反挂。

单元练习

1. 与西方人交往应注意什么？
2. 涉外活动的礼仪原则是什么？
3. 会见和会谈有什么不同？
4. 案例分析。

一家房地产公司的老总和一位外商谈判，老总为了表示他的诚意，每次都设丰盛的宴席请外宾吃饭，还找来了七八位公司干部作陪，并友好地劝外商吃好，热情地为其夹菜，很是热情，外商感到十分不舒服。老总也颇为费解，心里也是十分委屈。

试分析该案例中房地产公司老总所触犯的涉外礼仪禁忌，并给出正确的做法。

第八单元　中国的习俗礼仪

学习目标

知识目标：掌握习俗的定义及习俗的基本特征、分类与社会功能；了解中国寿诞、婚嫁和丧葬等有关习俗与礼仪；了解我国民间信仰的发展过程，我国少数民族的宗教信仰及其禁忌。

素质目标：尊重我国不同民族的习俗习惯。

能力目标：提高与人交往的能力。

技能目标：能够正确运用寿诞、婚嫁和丧葬等有关习俗知识。

基本概念

习俗　礼仪习俗　生活习俗　岁时习俗

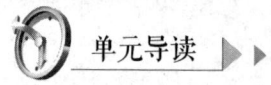 单元导读

中国素有"礼仪之邦"之称,"礼"在传统社会无时不在,出行有礼,坐卧有礼,宴饮有礼,婚丧有礼,寿诞有礼,祭祀有礼,征战有礼,等等。这里的"礼"包含了传统礼制的精神原则与传统礼仪行为两大部分,礼仪是礼制的精神核心,礼仪制度是礼仪精神的外在表现,二者关系密切。

课题一 习俗概论

一、习俗的定义

习俗是人类调适生活的一种手段和方式,它起源于人类为满足需求所作的努力。习俗通过扩散和倡导两种途径传播,有"历史相沿,群居相染之过程"。所谓习俗,是具有某种连续性、稳定性特征且能使社会保持一定次序的时间和空间的总和。也即习俗是指多样的、特定的时间和空间的复合体。可以把习俗理解为大文化概念,它包括寿诞、婚嫁、丧葬、宗教等方面因素。

二、习俗的基本特征

不论是中国的习俗,还是外国的习俗,都有以下的共同特征。

(一)稳定性与变异性

习俗一旦产生,就会随着人们的生产和生活方式的稳定而相对地固定下来,成为人们日常生活的一部分,这就是习俗的相对稳定性。中国经过无数次的社会变革和改朝换代,有些习俗随着经济基础的消失、生活方式的改变而自然消亡;有些习俗则经过某些完善和补充,一直传承到现在。中国的一些传统习俗,如春节贴对联、元宵节吃汤圆、清明节扫墓、端午节吃粽子、中秋节赏月、重阳节求寿、腊八节吃腊八粥等,在古代就已经定型,一直传承至今。

变异性是指习俗文化在传承和传播过程中引起内容和形式上的变化。习俗是集体创造,靠语言和行为传承和传播的,这就决定了习俗总是处于不断变化的状态。

(二)民族性与地方性

习俗是民族的标志,是民族构成的一个要素,每个民族都有它自己特殊的习俗。俗话说"十里不同风,百里不同俗",指的就是习俗的地方性。由于所处的地理环境

和自然环境不同，各类习俗不同程度染上了地方色彩。例如饮食上的"南甜、北咸、东辣、西酸"，大致反映了饮食上的地方特色。标志着我国饮食特色的八大菜系——鲁菜、川菜、粤菜、苏菜、浙菜、湘菜、徽菜、闽菜，各有特点，都是从地方特色饮食中发展起来的。

中国有56个民族，分布在全国各地，在漫长的历史长河中，他们共同创造了祖国的历史和文化，也使祖国的习俗文化具有多民族性和地方性的特点。

（三）集体性与模式性

习俗的集体性是指习俗在产生、流传过程中表现出来的基本特征，也是习俗的本质特征。习俗是集体智慧的结晶。首先，习俗是集体创造的。其次，习俗的流传、完善和创新是依靠集体的行为来完成的。有了集体的创造，同时有了集体一代一代的传承和完善，才有可能形成丰富多彩的习俗文化和人文景观。

习俗的模式性，是指习俗的内容和形式方面彼此相似。这种模式性来自人们共同遵守的标准和约定俗成的行为方式。因为习俗是由民众创造、传承和享用的，因而一般缺少个性，而表现为一种类型、模式。

（四）传承性与传播性

习俗的传承性是习俗文化在时间上的纵向延续过程，体现了某一习俗的历史发展。习俗一旦产生，得到社会的承认，就有很强的稳固性，约束着人们的行动和意识，并经久不衰地为人们所承袭，通过族群迁徙和采借向不同地区和民族扩散。如肯德基、麦当劳等西方饮食文化传入中国后，迅速被中国人接受也受中餐饮食文化影响。

习俗是在纵向的传承和横向的传播结合中发展的，因而形成多元习俗文化的相互间的碰撞、吸收和发展。

三、习俗的分类

习俗的内容随着人类的不断发展而变化与扩展着。但是，习俗亦有它自己独特的类型和结构。习俗可划分为六类，即礼仪习俗、生活习俗、行业习俗、制度习俗、岁时习俗和禁忌、兆应。

（一）礼仪习俗

礼仪作为人类交际的表现形式之一，是人类不断摆脱愚昧、野蛮，逐渐走向文明、开化的标志和见证。礼仪是一种行为规范或行为模式，是大家必须共同遵守的，礼仪有着显著的时代特征。

礼仪习俗有交际、生育、成人、婚嫁、寿庆、丧葬六类。

(二) 生活习俗

"入乡先问俗"这个"俗"最主要的就是我们所指的生活习俗。我们把生活习俗分为服饰、饮食、居住三类。

(三) 行业习俗

与实际的生产劳作相关的一些方法或惯例就叫作行业习俗。

(四) 制度习俗

制度性的习俗即为制度习俗，主要有乡俗制度、聚族制度、家庭制度三类。

(五) 岁时习俗

岁时习俗即一些传统的节日，如我国的春节、元宵节、清明节、端午节、中秋节等。

(六) 禁忌、兆应

禁忌如节日禁忌、礼仪禁忌、物质与文化生活禁忌、行业职业禁忌、语言禁忌等；兆应包括天象、气候、动物、植物、器物以及人体本身的变化、梦境等所引发的人们对于吉凶祸福的习惯观念和应对习俗。

四、习俗的社会功能

从习俗的产生和传承的历史来看，它是有着必要的实用价值的。有些古老的习俗，经过代代相传，在人类社会发展中起着承前启后的重要作用。习俗主要有五种功能，即规范功能、娱乐功能、教化功能、审美功能和维系功能。

(一) 规范功能

习俗的规范功能，是指习俗对社会成员的行为方式所具有的约束和控制作用。比如，法律即是源于"乡规民约"的习惯。虽然习俗不是法律规范，没有具体的刑罚，但是它总是以一种社会习惯的力量出现，无声地支配和调节人们的活动。

(二) 娱乐功能

习俗的娱乐功能，是指习俗能对社会成员心理产生快乐和愉悦的调剂作用。习俗在人类社会中的出现，就是以被人类享受为目的的。习俗文化中的娱乐有着极丰富的内容，比如民间歌舞、民间游戏、民间杂技等，它不仅是各族人民的智慧结晶，同时它也供人民群众享受和利用，带有极其浓厚的娱乐性质。像苗族的芦笙节、侗族的花炮节、瑶族的盘王节、壮族的三月三等，娱乐成分都很浓。

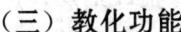

(三)教化功能

习俗的教化功能,是指习俗在个人行为过程中的教育和潜移默化的作用。人是社会集体成员,人的一生都生活在习俗之中。人从一出生,诞生礼就为他拉开了人生的第一道帷幕;从交际礼节中人们可以理解人际关系;成年礼、婚礼,使人懂得一个成人对社会、对家庭所应承担的责任;特定的丧葬礼俗送人离开这个世界。各种习俗活动,不仅可以使人熟悉自己祖先创造的历史文化,培养尊老爱幼、热情好客、大公无私、乐于助人等的美德,而且由于潜移默化的作用,可以使人产生强烈的民族自豪感和爱国心。

(四)审美功能

习俗的审美功能,是指民俗对社会成员心理产生悦耳悦目和悦神悦意的审美作用。像神像、贡品、年画、婚嫁用品等,从某些意义上讲,都是以审美功能为主的。人们通过对习俗的感知而悦耳、悦目、悦心,得到了美的享受。

(五)维系功能

习俗的维系功能,是指习俗统一人们的行为与思想,使社会成员保持向心力和凝聚力。据特定的历史、地理、文化条件,群体所选择的某一种行为方式得到肯定,成为一种标准行为模式,维系社会生活有规则地进行。

课题二 日常习俗与礼仪

一、寿诞习俗与礼仪

寿诞,俗称"过生日"。随着日月更替,一个人在人生道路上所经历的生活过程显得弥足珍贵,因此,中国人很看重寿诞,形成了寿诞礼俗代代延续。

(一)周岁礼

孩子满周岁,亲朋好友送礼庆贺之习惯,形成了民间礼俗。孩子满周岁之际,要"抓周"。此俗起源于南北朝,流行于唐宋。长辈根据抓到的东西来预测孩子的未来走向。孩子满周岁庆贺之礼俗一直延续至今。

(二)老年人寿诞

按民间传统习俗,年逾花甲方称寿。六十为"花甲之寿",七十为"古稀之寿",八十为"耄耋之寿",九十为"老童之寿",百岁为"期颐之寿"。庆贺寿诞,有一套传统礼仪。传统寿礼非常隆重，要设寿堂，点寿烛，悬挂寿幛，张灯结彩，声势很大。寿礼也是聚合人际关系的一种手段。现在为老人祝寿依旧讲究，但规模和气势大不如从前。

庆贺寿诞的传统礼仪习俗，出自传统的人生信仰。天地有四时，人间有"五福"，"五福"是人们的理想与目标。所谓人生中的"五福"，民间的说法是"福、禄、寿、喜、财"。民间乐于庆寿、祝寿礼俗的历史渊源也在于对"五福"的追求。

二、婚嫁习俗与礼仪

婚姻就是男女缔结婚姻关系，成为夫妻。没有婚姻，就不成世界。也就是说男婚女嫁是人类社会自然规律，是人类社会生活过程中建立和派生各种交际关系（包括种族关系、亲属关系、社会关系）的桥梁和纽带。可以说，婚姻是联系和改善一切人际关系的"调合剂"。从相亲、提亲、订婚、发请柬到宴请嘉宾，一系列程序无一不包含着礼仪，也表现时代变化、礼仪变化的痕迹。例如，从"父母之命，媒妁之言"到"志同道合，自由恋爱"，观念变化了，相应的礼俗也在发生着巨大的变化。

三、送礼习俗与礼仪

（一）赠送礼品应考虑具体情况和场合

一般在赴私人家宴时，应为女主人带些小礼品，如花束、水果、土特产等。有小孩的，可送玩具、糖果。应邀参加婚礼，除艺术装饰品外，还可赠送花束及实用物品。春节、元旦时，一般可送贺岁礼。

（二）送礼间隔适宜

送礼的时间间隔也很有讲究，过于频繁或间隔过长都不合适。一般来说，以选择重要节日、喜庆、寿诞送礼为宜，这样送礼的既不显得突兀，收礼的收着也心安，两全其美。

（三）了解风俗禁忌

送礼前应了解受礼人的身份、爱好、民族习惯，免得送出麻烦。例如，不要送钟，因为"钟"与"终"谐音，让人觉得不吉利；中国普遍有好事成双的说法，所送之礼，均好双忌单，但广东人忌讳"四"这个双数；对文化素养高的知识分子，送去一幅蹩脚的书画就很没趣；白色在我国比较忌讳，黑色也被视为凶灾之色，而红色，则是喜庆、祥和、欢庆的象征。另外，给夫妻或情人不能送梨，梨与离谐音，为不吉利。还有，不能为健康人送药品，不能为异性朋友送贴身用品等。

（四）礼品要有意义

礼物是感情的载体。任何礼物都表示送礼人的特有心意，或酬谢，或求人，或联络感情，等等。因此选择的礼品必须与心意相符，并使受礼者觉得礼物非同寻常，倍感珍惜。实际上，最好的礼品应该是根据对方兴趣爱好选择的，富有意义、耐人寻味、品质好却不奢侈的礼品。

（五）态度友善，言辞勿失

送礼时要注意态度、动作和语言表达。平和友善、落落大方的动作并伴有礼节性的语言表达，才是受礼方乐于接受的。悄悄地将礼品置于桌下或房间某个角落的做法，不仅达不到馈赠的目的，甚至会恰得其反。此外，送礼时自己不要过分谦虚也不要过分炫耀。在对所赠送的礼品进行介绍时，应该强调的是自己对受赠一方所怀有的好感与情谊，而不是强调礼物的实际价值或价格。

四、探病礼仪

通常，探访病人的最好做法是直接到病榻旁边，直接把安慰和祝福带给病人。按习惯，人们常常挑选些水果、饮料和滋补品送给病人，其实，一束鲜花、一张精心准备的贺卡，同样能起到慰藉病人的作用。一段真心关怀的语言，也同样会有使病人早日康复的神奇力量。

到医院探病，要遵守医院的规章制度。进病房要注意安静，脚步尽量放轻，不要大声谈笑。进入病房以后，如果看到病床周围有瓶子、管子等医疗用品和器具，切莫大惊小怪；看到痰盂便桶、血迹脓水类，不要躲躲闪闪，面露厌恶状；看到病人消瘦憔悴、水肿黄疸之类的病态，也不要愁眉苦脸。

与病人谈话，态度要谦和温柔、亲切热情。卧床病人由于有人到来，可能会坐起来进行接待，这时应尽量劝其躺下。如果病人仍执意要起来，则应上前搀扶。看望病人时，不要总是跟病人谈论他的病情，而应该聊些愉快的话题。不管病人的病情有多么严重，也不能在他面前流露哀伤的神情，更不能对着病人流泪。凡是会使病人悲观、忧郁的话题，都应尽量避免。在探病结束时，记住要问一声："有什么事情需要我帮忙的吗？"有的病人可能会向你提出要求，尽量替病人达成心愿。

如果病人患的是传染病或其他不宜直接探望的疾病，则可以改用书信、电话等方式表达问候。

五、丧葬习俗与礼仪

人活一生，难免一死。民间认为，人死之后灵魂不灭。人生几十年，从形成生命呱呱落地到人生的尽头，葬礼是他最后一次仪式。通过丧葬礼仪，生者可以寄托哀思，完成对逝者的缅怀、悼念。这就是产生丧葬礼俗的直接原因。

　　丧葬礼俗是最为烦琐的民间礼俗之一。有备后事、报丧、出殡等一系列程序，在葬礼结束以后，还有扫墓、烧纸等习俗。丧俗在语言上也有表现，比如中国人很忌讳说"死"，而通常说"走了"或"辞世"，这种语言忌讳，也是丧葬礼仪的具体体现。

单元练习

1. 简述习俗的基本特征。
2. 简述岁时习俗的类型并举例说明。

参考文献

[1] 迟铭. 礼仪规范教程 [M]. 北京：高等教育出版社，2005.

[2] 董保军. 中外礼仪大全 [M]. 北京：民族出版社，2005.

[3] 冯宝琴，张运玲. 礼仪规范教程 [M]. 北京：国家行政管理出版社，2006.

[4] 国家旅游局人事劳动教育司. 旅游服务礼貌礼节 [M]. 北京：旅游教育出版社，1999.

[5] 黄海燕，王培英. 旅游服务礼仪 [M]. 天津：南开大学出版社，2006.

[6] 姜若愚，张国杰. 中外民族民俗 [M]. 北京：旅游教育出版社，2003.

[7] 金正昆. 服务礼仪教程 [M]. 北京：中国人民大学出版社，1999.

[8] 金正昆. 社交礼仪教程 [M]. 北京：中国人民大学出版社，1999.

[9] 金正昆. 涉外礼仪教程 [M]. 北京：中国人民大学出版社，1999.

[10] 李柠. 电话礼仪 [M]. 北京：中国财政经济出版社，1996.

[11] 沙莲香. 社会心理学 [M]. 北京：中国人民大学出版社，2005.

[12] 张四成. 现代饭店礼貌礼仪 [M]. 广州：广东旅游出版社，1996.

[13] 章志光. 心理学 [M]. 北京：人民教育出版社，2002.